iSpring Suite 9
数字化学习资源的设计与开发

胡勇　赵凤梅　著

中山大学出版社
·广州·

版权所有　翻印必究

图书在版编目（CIP）数据

iSpring Suite 9 数字化学习资源的设计与开发/胡勇，赵凤梅著. —广州：中山大学出版社，2023.3

ISBN 978 - 7 - 306 - 07717 - 2

Ⅰ. ①i… Ⅱ. ①胡… ②赵… Ⅲ. ①多媒体课件—制作—软件工具 Ⅳ. ①G434

中国国家版本馆 CIP 数据核字（2023）第 023212 号

出 版 人：王天琪
策划编辑：杨文泉
责任编辑：杨文泉
封面设计：曾　斌
责任校对：姜星宇
责任技编：靳晓虹
出版发行：中山大学出版社
电　　话：编辑部 020 - 84110283，84113349，84111997，84110779，84110776
　　　　　发行部 020 - 84111998，84111981，84111160
地　　址：广州市新港西路 135 号
邮　　编：510275　传　真：020 - 84036565
网　　址：http://www.zsup.com.cn　E-mail：zdcbs@mail.sysu.edu.cn
印 刷 者：广州市友盛彩印有限公司
规　　格：787mm × 1092mm　1/16　16.75 印张　397 千字
版次印次：2023 年 3 月第 1 版　2023 年 3 月第 1 次印刷
定　　价：45.00 元

如发现本书因印装质量影响阅读，请与出版社发行部联系调换本书的出版得到了 2021 年度广东省教育科学规划课题（高等教育专项）"开放大学在线课程质量综合评价体系的构建及验证"（编号：2021GXJK462）和广州市哲学社科规划 2021 年度课题"教学视频中的教师呈现方式对学习过程和学习效果的影响"（编号：2021GZGJ159）的资助。

目　　录

第一章　认识 iSpring Suite 9 套件 1
　第一节　本书主要内容介绍 1
　第二节　iSpring Suite 9 概述 3
　　一、iSpring Suite 9 4
　　二、iSpring QuizMaker 9 4
　　三、iSpring Cam Pro 9 4
　　四、iSpring TalkMaster 9 4
　　五、iSpring Visuals 9 5
　　六、iSpring Flip 9 5
　第三节　运行 iSpring Suite 9 的系统要求 5
　第四节　启动 iSpring Suite 9 套件 6
　第五节　发布只包含幻灯片的简单网络课程 7
　　一、设置播放器 7
　　二、预览演示文稿 8
　　三、发布课程 9
　第六节　小结 10

第二章　创建演示文稿前的准备工作 11
　第一节　PPT 设计前的准备工作 11
　　一、PPT 设计中的常见错误 11
　　二、幻灯片设计前的内容梳理 14
　第二节　PPT 制作中的设计思维 23
　　一、统一与和谐 24
　　二、平衡与对齐 26
　　三、主导与强调 27
　　四、层次结构 29
　　五、尺度与比例 29
　第三节　小结 31

第三章　管理音频和视频讲解 32
　第一节　录音的准备和技巧 32

第二节　在 iSpring Suite 9 影音编辑器中设置麦克风 …………………… 33
　　第三节　录制同步的音频或视频讲解 …………………………………………… 37
　　　　一、录制同步的音频讲解 …………………………………………………… 37
　　　　二、录制同步的视频讲解 …………………………………………………… 40
　　第四节　使用 iSpring 讲解编辑器管理音频和视频剪辑 ………………… 41
　　　　一、启动 iSpring 讲解编辑器 ……………………………………………… 41
　　　　二、设置幻灯片播放控制 …………………………………………………… 42
　　　　三、管理幻灯片备注 ………………………………………………………… 43
　　　　四、在讲解编辑器中录制音频讲解 ………………………………………… 43
　　　　五、在讲解编辑器中录制视频讲解 ………………………………………… 44
　　　　六、导入音频讲解 …………………………………………………………… 45
　　　　七、导入视频讲解 …………………………………………………………… 47
　　　　八、同步导入的音/视频讲解和演示文稿 ………………………………… 48
　　　　九、预览演示文稿 …………………………………………………………… 51
　　　　十、设置时间轴 ……………………………………………………………… 51
　　　　十一、删除或替换讲解剪辑 ………………………………………………… 53
　　第五节　在 iSpring 影音编辑器中编辑音频和视频 ……………………… 54
　　　　一、启动音频或视频编辑器 ………………………………………………… 54
　　　　二、缩放波形 ………………………………………………………………… 55
　　　　三、预览音/视频剪辑 ……………………………………………………… 56
　　　　四、为剪辑或剪辑片段设置静音 …………………………………………… 56
　　　　五、设置淡入、淡出效果 …………………………………………………… 57
　　　　六、裁剪音/视频 …………………………………………………………… 58
　　　　七、移除杂音 ………………………………………………………………… 58
　　　　八、调整音量 ………………………………………………………………… 59
　　　　九、输出音频和视频 ………………………………………………………… 60
　　第六节　小结 …………………………………………………………………… 60

第四章　设置播放器属性 …………………………………………………………… 61
　　第一节　设置自适应通用播放器 ……………………………………………… 61
　　　　一、启动通用播放器和自定义版面配置 …………………………………… 61
　　　　二、管理通用播放器模板 …………………………………………………… 63
　　　　三、自定义配色方案 ………………………………………………………… 67
　　　　四、改变播放器的文字和标签 ……………………………………………… 68
　　　　五、自定义播放和导览 ……………………………………………………… 69
　　第二节　自定义视频讲座播放器 ……………………………………………… 70
　　　　一、选择视频讲座播放器 …………………………………………………… 70

二、设置版面布局 …………………………………………………… 71
　　三、自定义公司标志 ………………………………………………… 72
　第三节　小结 …………………………………………………………… 72

第五章　管理演示文稿 ……………………………………………………… 73
　第一节　管理幻灯片属性 ……………………………………………… 73
　　一、编辑幻灯片标题 ………………………………………………… 73
　　二、隐藏幻灯片 ……………………………………………………… 74
　　三、设置幻灯片前进条件 …………………………………………… 74
　　四、组织演示文稿结构 ……………………………………………… 76
　　五、设置幻灯片持续时间 …………………………………………… 77
　　六、锁定播放控制按钮 ……………………………………………… 78
　　七、控制播放器版面布局 …………………………………………… 79
　　八、配置视频讲座播放器外观 ……………………………………… 79
　　九、添加播放列表 …………………………………………………… 81
　　十、管理幻灯片分支选项 …………………………………………… 83
　　十一、通过对象列添加学习材料 …………………………………… 85
　第二节　添加参考资源 ………………………………………………… 86
　　一、添加附件和超级链接 …………………………………………… 86
　　二、添加文件附件 …………………………………………………… 87
　　三、给幻灯片添加演示者 …………………………………………… 87
　　四、设置公司标志 …………………………………………………… 89
　　五、设置超级链接 …………………………………………………… 89
　第三节　小结 …………………………………………………………… 89

第六章　利用 iSpring QuizMaker 9 创建交互式测验 ………………………… 90
　第一节　iSpring QuizMaker 9 的启动和测验的创建 ………………… 90
　　一、启动 QuizMaker 9 程序 ………………………………………… 90
　　二、设置测验尺寸 …………………………………………………… 91
　第二节　管理测验问题 ………………………………………………… 92
　　一、窗体视图和幻灯片视图 ………………………………………… 92
　　二、添加问题幻灯片 ………………………………………………… 93
　　三、导入问题 ………………………………………………………… 113
　　四、设置问题幻灯片属性 …………………………………………… 115
　　五、设置反馈 ………………………………………………………… 116
　　六、设置分支 ………………………………………………………… 119
　　七、应用罚分 ………………………………………………………… 120

八、为问题设置标签 …………………………………………………………… 122
　　九、连结问题 ………………………………………………………………… 123
　　十、管理问题列表 …………………………………………………………… 124
　　十一、锁定答案选项 ………………………………………………………… 125
第三节　幻灯片类型 ………………………………………………………………… 125
　　一、标题幻灯片 ……………………………………………………………… 126
　　二、用户信息表单幻灯片 …………………………………………………… 127
　　三、信息幻灯片 ……………………………………………………………… 128
　　四、简介幻灯片 ……………………………………………………………… 129
　　五、结果幻灯片 ……………………………………………………………… 130
第四节　幻灯片视图中的设计问题 ………………………………………………… 133
　　一、管理布局 ………………………………………………………………… 134
　　二、设置主题 ………………………………………………………………… 135
　　三、自定义内容 ……………………………………………………………… 136
　　四、设置测验中题组的随机显示 …………………………………………… 138
第五节　题组 ………………………………………………………………………… 138
　　一、题组管理 ………………………………………………………………… 138
　　二、设置题组中问题的随机显示 …………………………………………… 140
第六节　设置测验的属性 …………………………………………………………… 140
　　一、主要属性 ………………………………………………………………… 141
　　二、设置测验分数 …………………………………………………………… 142
　　三、设置问题属性 …………………………………………………………… 143
　　四、设置问题列表 …………………………………………………………… 144
　　五、报告测验结果 …………………………………………………………… 145
第七节　测验的预览和发布 ………………………………………………………… 148
　　一、测验的预览 ……………………………………………………………… 148
　　二、测验的发布 ……………………………………………………………… 149
第八节　小结 ………………………………………………………………………… 150

第七章　利用 iSpring Visuals 9 创建互动式模块 ……………………………………… 151
第一节　快速开始 iSpring Visuals 9 ………………………………………………… 151
第二节　创建互动模板 ……………………………………………………………… 152
　　一、创建流程类互动模块 …………………………………………………… 153
　　二、创建注释类互动模块 …………………………………………………… 156
　　三、创建阶级类互动模块——以添加圆饼图互动为例 …………………… 159
　　四、创建目录类互动 ………………………………………………………… 162
第三节　小结 ………………………………………………………………………… 168

第八章　利用 iSpring TalkMaster 9 创建模拟情境对话 ································ 169

第一节　场景的创建和管理 ·· 169
一、创建新场景 ·· 169
二、创建自定义角色 ·· 173
三、设置自定义背景 ·· 175
四、设置场景颜色 ·· 175

第二节　给场景和模拟对话添加讲解 ·· 176
一、在 TalkMaster 9 中直接录制讲解 ······································ 176
二、输入和输出讲解 ·· 179

第三节　设置模拟分数 ·· 182

第四节　设置模拟情境对话的属性 ·· 184
一、设置模拟情境对话的主要属性 ·· 184
二、设置模拟情境对话的结果属性 ·· 187

第五节　小结 ·· 188

第九章　利用 iSpring Cam Pro 9 制作屏幕录制 ································ 189

第一节　新建屏幕录制 ·· 189
一、修改录制设置 ·· 189
二、录制屏幕 ·· 192
三、录制摄像头视频 ·· 193
四、使用注释录制软件教程 ·· 193

第二节　编辑视频 ·· 196
一、添加屏幕录制视频 ·· 196
二、添加视频 ·· 197
三、添加音频 ·· 198
四、添加图片 ·· 201
五、添加文本 ·· 204
六、在演示文稿中调用屏幕录制项目 ······································ 208

第三节　使用时间轴 ·· 210
一、认识时间轴面板 ·· 210
二、编辑视频 ·· 211
三、管理轨道 ·· 212
四、插入冻结帧 ·· 215
五、修改视频和音频速度 ·· 216

第四节　管理画布 ·· 216
一、使用画布上的对象 ·· 218
二、设置过渡效果 ·· 220

三、项目的保存和迁移…………………………………………………………222
第五节 发布视频……………………………………………………………………223
第六节 小结…………………………………………………………………………224

第十章 向课程中添加学习材料………………………………………………………225
第一节 向课程中添加测验…………………………………………………………225
一、添加测验……………………………………………………………………225
二、编辑测验……………………………………………………………………226
三、删除测验……………………………………………………………………227
四、设置测验属性………………………………………………………………228
五、设置测验分支………………………………………………………………229
六、设置重新启动失败的测验…………………………………………………231
第二节 添加模拟情境对话…………………………………………………………233
一、在演示文稿中添加模拟情境对话…………………………………………233
二、设置模拟情境对话的分支…………………………………………………235
三、设置模拟情境对话属性……………………………………………………236
第三节 设置互动模块………………………………………………………………237
一、添加互动模块………………………………………………………………237
二、编辑互动模块………………………………………………………………238
三、设置互动模块属性…………………………………………………………239
第四节 创建带有教育视频的课程…………………………………………………240
第五节 创建电子书…………………………………………………………………240
第六节 插入 Web 对象……………………………………………………………243
一、插入网址……………………………………………………………………243
二、插入本地文件………………………………………………………………244
三、插入代码……………………………………………………………………244
第七节 小结…………………………………………………………………………246

第十一章 演示文稿的备份、预览和发布……………………………………………247
第一节 项目备份……………………………………………………………………247
第二节 预览幻灯片…………………………………………………………………248
第三节 发布课程……………………………………………………………………249

参考文献……………………………………………………………………………………257

第一章　认识 iSpring Suite 9 套件

iSpring Suite 9 以 PPT（PowerPoint）软件的插件形式存在，是目前世界上最流行、对演示文稿的设计样式、动画效果兼容最好的快速课件制作工具之一。使用者可以在演示文稿中直接利用 iSpring Suite 9 的功能，插入录制讲解、教育视频、互动模块、测验和模拟情境对话等学习资源，并将演示文稿发布为兼容 SCORM 1.2/2004、AICC、ExperienceAPI、cim5 等格式的标准课程。iSpring Suite 9 本身拥有出色的转化引擎，能够将 90% 以上的演示文稿动画效果转化成 HTML5 动画，而且输出项目的带宽占用低、播放流畅，并可在 iPad、iPhone 等移动设备上运行。

本章主要内容包括：iSpring Suite 9 套件的构成、运行和查看内容所需系统要求、套件的启动、iSpring Suite 9 中演示文稿的预览和发布方法。

第一节　本书主要内容介绍

传统的专业课件开发工具存在开发周期长、技术难度大、费用昂贵等问题，而以 iSpring Suite 9 为代表的快速课件开放工具以 PPT 软件为载体，具有技术门槛低、开发简单、制作快捷、界面美观、互动丰富、可以网络发布等特点，能够很好地满足当前移动学习、非正式学习和碎片化学习对知识的需求，是当前最有可能推动信息化教学技术进入实际教学应用的信息技术工具之一。

本书旨在为你（指阅读和使用本书的读者，下同）使用 iSpring Suite 9 套件创建数字化课程提供相应的技术指南。由于 iSpring Suite 9 是以 PPT 的插件形式存在，因此，本书根据 iSpring Suite 9 套件的构成和进行数字化学习资源开发的一般流程，介绍主要内容如下。

第一章，认识 iSpring Suite 9 套件。本章介绍 iSpring Suite 9 套件的构成及其主要功能，运行 iSpring Suite 9 所需的系统要求，如何启动 iSpring Suite 9。本章还通过介绍在 iSpring Suite 9 中发布一个只包括幻灯片的简单网络课程的流程，让你体验 iSpring Suite 9 所具有的强大数字化资源开发能力。

第二章，创建演示文稿前的准备工作。由于 iSpring Suite 9 以 PPT 软件的插件形式存在，其中诸如新建幻灯片和设置自定义动画等操作均需要借助 PPT 软件的功能，因此，本章简要介绍创建 PPT（演示文稿）的注意事项，主要包括 PPT 制作前的主要准备工作及 PPT 制作中的设计思维等。

第三章，管理音频和视频讲解。本章介绍如何利用 iSpring Suite 9 为设置好自定义动画的演示文稿录制音频和视频讲解，主要内容包括录音的基本技巧、如何设置麦克风、如何利用 iSpring Suite 9 为演示文稿录制同步的音频或视频讲解，以及如何在 iSpring 讲解编辑器中录制和管理音频或视频讲解。

第四章，设置播放器属性。创建演示文稿之后，你就可以为它准备播放器。播放器实际上是演示文稿的外观，它可以提供演示者信息、可以单击菜单和播放控制按钮等。本章将向你介绍如何设置通用自适应播放外观、颜色和导航按钮等属性，如何设置可以自动前进的视频讲座播放器。

第五章，管理演示文稿。你可以利用 iSpring Suite 9 菜单的演示文稿窗格提供的 3 个工具按钮管理演示文稿结构和其他资源。本章主要介绍如何利用幻灯片属性按钮设置幻灯片属性和添加测验、互动模块、模拟情境对话等学习材料，以及如何利用幻灯片属性按钮管理演示文稿属性、添加参考资料和附件、添加演示者、设置外部链接、添加组织标志和链接公司网站等。

第六章，利用 iSpring QuizMaker 9 创建交互式测验。iSpring QuizMaker 9 有精简的界面，支持自定义测验界面，它支持多达 14 种题型，允许你创建带有拖放和分支等功能的测验和调查问卷。利用 iSpring QuizMaker 9，即使没有任何编程经验的学习者也能快速创建专业、美观的互动测验和动态评价材料。本章将介绍如何启动 iSpring QuizMaker 9，如何创建新测验，如何在窗体视图和幻灯片视图中创建测验问题，如何管理测验幻灯片，如何设置题组，如何设置测试属性，如何预览和发布测验。

第七章，利用 iSpring Visuals 9 创建互动式模块。iSpring Visuals 9 主要用于添加互动模块，从而使数字化学习资源摆脱 PPT 的外观。借助互动模块，你可以将计划、指南、目录、招聘流程、活动进程、标志性事件、复杂设备的配置操作等转换为 HTML5 格式的互动培训课程。本章主要介绍如何快速开启 iSpring Visuals 9，如何创建流程类互动模块，如何创建注释类互动模块，如何创建目录类互动模块，如何创建阶级类互动模块。

第八章，利用 iSpring TalkMaster 9 创建模拟情境对话。构建模拟情境对话是数字化学习领域的重要组成部分，且不会对学习者带来实际的负面结果。iSpring TalkMaster 9 不仅可以对学习者进行技能培训，还可以检查学习进度。本章向你介绍如何创建和管理场景，如何给场景和模拟对话添加音频讲解，如何为模拟对话设置分值和其他属性。

第九章，利用 iSpring Cam Pro 9 制作屏幕录制。录制教学视频是常见的显示计算机操作示范的有效方法。借助 iSpring Cam Pro 9，你可以录制带有提示字幕的计算机屏幕操作，也可以录制带有专家视频的培训材料，用于快速对学习者进行新技能培训。本章首先向你介绍 iSpring Cam Pro 9 的基本功能，然后介绍如何选择 iSpring Cam Pro 9 的录制模式，如何编辑录制的视频，如何发布和分享录制的视频等内容。

第十章，向课程中添加学习材料。虽然 iSpring Suite 9 中的软件可以独立运行，但将它们结合在一起使用才能真正发挥各自的优势，增强演示效果，为学习者提供更加完整的数字化学习体验。本章向你介绍如何利用 iSpring Suite 9 在演示文稿中插入测验、互动模块、模拟情境对话、教学视频和设置它们的属性。本章还向你介绍了如何通过

Web 对象按钮插入网页、在线文档或本地文件等参考资料。

第十一章，演示文稿的备份、预览和发布。完成了课程的各项创建任务后，为了防止误操作或系统故障导致的文件丢失，你最好备份项目文件。如果要查看 iSpring Suite 9 的设计效果，你必须先将它发布出来。发布功能允许你查看演示文稿发布后的效果，确保它按照预设方式运行，而发布需要一定时间，因此，在正式发布前预览演示文稿有助于发现课程设计中存在的问题，节约开发时间。本章向你介绍如何在 iSpring Suite 9 中导出设计好的演示文稿，如何根据需要预览演示文稿，并根据输出目的的不同，选择合适的发布格式。

本书不仅可用于新入职教师的数字化资源开发技能培训，也可作为高等院校师范生的数字化学习资源开发的教材和参考书，还可供企业在选择数字化学习资源开发的技术解决方案时参考。本书为广大职前和在职教师提供了一套简单易用、操作性强的教学 PPT 和交互式数字化学习资源的技术解决方案，让每一位教师都能以新技术带动教学技能的提升，以互联网推动教学影响力的提升，最终实现信息化条件下的教师专业发展。

第二节　iSpring Suite 9 概述

近年来，伴随着微课的发展而兴起的新型教学课件设计解决方案——快速课件，以及基于开放课程运动而陆续出现的精品课程、视频公开课和精品资源视频公开课等，极大地推进了教育信息化的进程。同时，以微课、翻转课堂、慕课、私播课、云课堂、移动学习等为代表的新型教学技术层出不穷，教学信息化要求教师的能力进一步向信息化、数字化方向发展。因此，为学科教师在教学中运用新技术提供切实可行的操作培训解决方案，让他们将翻转课堂与学科教学结合，设计和制作微课，利用微课、翻转课堂、慕课、私播课和云课堂实现教师的信息化专业发展，是一件非常紧迫且具有挑战性的任务，同时也对推进学校教学信息化和拓展教师职业发展空间具有重要意义。

iSpring Suite 9 就是满足上述需求的快速课件技术解决方案之一。它是目前世界上最流行，也是对演示文稿设计样式、动画效果兼容最好的快速课件开发工具之一。目前，它已经面向中国内地市场推出了名为爱思赢的中文版，截至本书撰写时的最新版本是 9.7.10。iSpring Suite 9 在安装后以插件形式出现在 PPT 菜单栏中，因而允许你在演示文稿的基础上开发数字化课程。iSpring Suite 9 基于自身开发的出色转化引擎，发布的课件可以将 90% 以上的演示文稿动画效果转化成 HTML5 动画。iSpring Suite 9 是当前课程开发的主流技术，也是当前最有可能推动教学技术进入实际教学应用的技术解决方案之一。

iSpring Suite 9 针对数字化学习特点进行了非常细致、完整的功能设计，它包含 iSpring Suite 9、iSpring QuizMaker 9、iSpring Cam Pro 9、iSpring TalkMaster 9、iSpring Visuals 9 和 iSpring Flip 9 这 6 款应用程序。iSpring Suite 9 和 Office 办公套件十分类似，套件中的这些软件分别用于在演示文稿中制作音频或视频讲解、计分测验或调查问卷、模

拟情境对话、互动模块、教育视频和电子书。同时，这些应用程序本身已经模板化，有类型多样的模板供你选择，并可以根据需要进行自定义设置，以便你有更多精力投入数字化学习内容的开发中。iSpring Suite 9 套件中的软件既可以独立运行，也可以在演示文稿中利用 iSpring Suite 9 将互动模块、计分测验或调查问卷、模拟情境对话和教育视频等学习材料整合在一起，并发布为符合 SCORM 1.2/2004、Experience API、cim5、AICC 等标准的数字化课程，从而为跟踪和分析学习情况提供了极大的便利。

自 2010 年以来，iSpring Suite 凭借卓越的技术、可用性和出色的客户支持赢得了包括 Brandon Hall 金奖、Goodfirm 顶级课程创作软件在内的多个行业著名奖项。下面简要介绍套件构成及主要功能。

一、iSpring Suite 9

iSpring Suite 9 允许你在演示文稿中为幻灯片添加同步的音频或视频讲解、计分测验或调查问卷、模拟情境对话、互动模块和教育视频等学习资料。iSpring Suite 9 支持 SmartArt、三分屏和多级导航，允许你设置复杂的分支学习路径，你可以设置演示文稿尺寸和播放器属性等。发布的课程支持 SCORM 1.2/2004、Experience API、cim5、AICC 标准。

二、iSpring QuizMaker 9

借助 iSpring QuizMaker 9，学习者无须掌握任何编程知识就能创建专业的计分测验或调查问卷。iSpring QuizMaker 9 支持 14 种题型，它允许自定义测验问题的版面和插入各种媒体资源。它还支持随机题库功能和从 Excel 中导入问题，可以控制学习路径并可以将测验插入演示文稿的任意位置。iSpring QuizMaker 9 具有人性化的编辑界面，允许你在高分辨率的现代显示器上高效工作。

三、iSpring Cam Pro 9

iSpring Cam Pro 9 是一款功能强大的录屏软件。它提供屏幕演示、摄像头视频等多种录制选项，并可插入注释、图片和音频等素材，可以将作品发布成 MP4 视频或插入演示文稿中。

四、iSpring TalkMaster 9

构建对话场景是数字化学习领域，特别是企业培训领域的重要组成部分。很多企业要求员工能够与客户或同事进行专业对话，模拟常见情景是一种极佳的安全实践方式，它不会对企业造成任何实际的负面影响。你可以在演示文稿的 iSpring Suite 9 菜单栏单击模拟情境对话按钮，在集成的 iSpring TalkMaster 9 软件中快速创建模拟情境对话。

五、iSpring Visuals 9

iSpring Visuals 9 具有人性化的编辑界面，它提供了流程、注释、阶级和目录 4 个类别的 13 种互动模板，并自带丰富的矢量图人物素材。你只需根据创建的互动模板内容性质选择相应模板并填充所需多媒体资源，你就可以自定义互动模块，让它符合组织风格。

六、iSpring Flip 9

iSpring Flip 9 支持将 Word、PDF 和 PPT 文档转换成交互式电子书，从而将你的文档变成引人入胜的培训材料。iSpring Flip 9 对电子书进行了优化，它能够瞬间打开图书，甚至可以快速打开并翻阅一本数千页的图书。iSpring Flip 9 可以保持图片和字体的清晰锐利，能为学习者提供愉快的阅读体验。iSpring Flip 9 能够保证所有文档的链接和引用，让导航元素（如目录、脚注和词汇表）在转换为电子书后都能够正常工作。

第三节　运行 iSpring Suite 9 的系统要求

如果要利用 iSpring Suite 9 创作内容，那么系统配置要求见表 1-1。

表 1-1　iSpring Suite 9 运行的系统配置要求

系统配置		要求
硬件	电脑和处理器	双核处理器（建议四核或更高，2.0 GHz 或更快）
	内存	4 Gb（推荐：8 Gb 或更多）
	可用磁盘空间	2 Gb 用于安装，20 Gb 用于操作
	显示	1366×768 或更高分辨率
	视频卡	NVIDIA® GeForce® 8 系列，Intel® HDGraphics 2000 或 AMD Radeon™ R600 或更高版本，512 Mb 内存用于常规视频，1 Gb 用于高清视频，Direct 3D 10.1/Direct 2D 兼容图形适配器
	声音	声卡和麦克风（用于讲解录音）
	视频	内置或外置网络高清摄像机（用于视频录制）
软件	操作系统	微软® Windows® 7/8/10（32 位和 64 位）
	PPT	微软® PPT® 2007 以上版本（32 位和 64 位）
	微软 Word	微软 Word 2007 以上版本（32 位和 64 位）
	IE 浏览器	IE 9.0 或更高版本

第四节 启动 iSpring Suite 9 套件

你可以通过直接启动 PPT 的方式启动 iSpring Suite 9，也可以通过下面的方式快速启动：

（1）双击桌面上的 iSpring Suite 9 快捷图标，弹出如图 1-1 所示的快速开始界面。它为你提供了创建课程、测验等内容的快捷通道。右侧会提供最近创建的数字化内容列表。

（2）切换到 课程 选项卡，再单击 新建课程 按钮，会自动启动 PPT 软件。

图 1-1 iSpring Suite 的快速开始界面

（3）在启动的演示文稿中单击如图 1-2 所示的 iSpring Suite 9 菜单，你可以像使用 PPT 的其他功能一样使用 iSpring Suite 9 的各项功能。

图 1-2 演示文稿菜单栏的 iSpring Sute 9 菜单

第五节　发布只包含幻灯片的简单网络课程

iSpring Suite 9 在处理演示文稿时，需要先将它转换成 MP4 视频或 HTML5 格式网页，因而必须经过发布才能看到最终效果。要利用 iSpring Suite 9 发布演示文稿，你需要新建演示文稿或使用已有的演示文稿。方便起见，这里以现成的演示文稿为例加以讲解。当然，你也可以使用自己的演示文稿练习。发布完成后，每张幻灯片都成了HTML5格式的文件。这一特征允许通过网络访问课程的学习者快速下载课程内容。

一、设置播放器

创建演示文稿后的第一件事是设置播放器。具体参考步骤如下：

（1）在 PPT 菜单栏选择 iSpring Suite 9 → 播放器 ，弹出如图 1-3 所示的自定义播放器窗口。

图 1-3　自定义播放器窗口

（2）这里只对播放器属性稍做改变，在如图 1-3 所示的工具栏中单击 模板 。
（3）在左侧的样板窗格中任选一个播放器样板，右侧会实时预览它的样式效果。
（4）要保存播放器模板，请单击左上角的 应用 & 关闭 。

二、预览演示文稿

在发布课程之前,你可以预览整个演示文稿或选定的幻灯片,并可测试其在计算机、平板电脑或智能手机等不同设备上的外观和效果。

(1) 要预览演示文稿,可在演示文稿菜单栏中单击 iSpring Suite 9 。

(2) 单击 预览 下的 ▽ ,弹出预览下拉菜单选项。

(3) 根据需要,从下拉菜单中选择以下任意一个可用选项:

a) 单击 从这张幻灯片开始预览 ,即从选定幻灯片开始预览演示文稿中剩下的幻灯片。

b) 单击 预览整个演示文稿 ,会预览整个演示文稿。

c) 单击 预览选定的幻灯片 前,你需要先在演示文稿中选择需要预览的幻灯片。

(4) 将在新窗口中显示演示文稿的预览,如图1-4所示。

图1-4　演示文稿预览窗口

(5) 单击工单栏的笔记本电脑、台式机、横屏或竖屏智能手机图标,预览项目在不同硬件中的显示效果,体验 iSpring Suite 9 的移动学习功能。

(6) 如果不满意效果,单击图1-4左上角的 编辑幻灯片 按钮,返回演示文稿编辑页面。

三、发布课程

发布课程包含创建演示文稿、设置播放器、预览和发布四大流程。由于你已经创建了演示文稿，并且在 iSpring Suite 9 中设置了所需的播放器皮肤，也通过预览验证了设计效果，因此接下来需要做的事情就是发布课程。

（1）在演示文稿窗口选择 iSpring Suite 9 → 发布 。

（2）弹出如图 1-5 所示的发布演示文稿对话框，选择左边的 LMS 选项卡。

（3）在 项目名称 字段输入项目标题，标题默认为演示文稿名称。

（4）在 文件夹 字段输入发布后的项目保存位置。你也可以单击右侧的 浏览… 按钮，在弹出的选择目标文件夹窗口中浏览并选择存放演示文稿的位置。

（5）这时， 播放器 字段右侧显示的播放器即为刚才你自定义的播放器。

（6）单击对话框右下角的 发布 按钮，会自动完成后续发布工作。发布过程可能会持续几分钟。为了加快发布过程和减小出错概率，建议你在此期间不要进行其他操作。

图 1-5　iSpring Suite 9 的发布演示文稿对话框

(7) 发布完成后弹出如图 1-6 所示的发布完成对话框,它提供了如下几个选项:

a) 查看课程,单击该按钮会在默认浏览器中查看输出效果。

b) 打开,单击该按钮进入保存发布课程的本地文件夹。

c) 电子邮件,单击该按钮会利用默认的电子邮件发送发布的课程。

d) FTP,单击该按钮会通过 FTP 将发布的课程上传到指定网站服务器。

图 1-6 发布完成对话框

至此,你已经在 iSpring Suite 9 中将现成的演示文稿转换成了 HTML5 格式网页,并初步体验了 iSpring Suite 9 的强大功能。与标准演示文稿可以由学习者修改相比,iSpring Suite 9 创建的演示文稿具有很大优势,它是不能编辑的 HTML5 文件。在培训情境中,学习者可以查看自己的演示文稿,但不能修改文件,这有助于保护知识产权。

第六节 小 结

本章简要介绍了 iSpring Suite 9 套件及其主要功能、运行的软硬件环境和启动方法。最后,以一个现成的简单 PPT 演示文稿为例,介绍了如何通过设置播放器、预览演示文稿和发布课程 3 个流程,快速地将已有的演示文稿转换成数字化学习课程。下一章将回顾在 PPT 中创建演示文稿前的准备工作,以及创建演示文稿、设置幻灯片对象动画和动画计时的方法。

第二章 创建演示文稿前的准备工作

通过第一章的学习,你已经对 iSpring Suite 9 的强大功能有了初步了解,本书后续会陆续介绍其他的强大功能。由于后续操作均以演示文稿为基础,因此,本章简要回顾演示文稿设计的一些基本知识,主要包括 PPT 设计前的准备工作及制作中的设计思维。

第一节 PPT 设计前的准备工作

在设计幻灯片之前,你要做的不是打开 PPT 立刻执行操作,而是进行相关教学设计,包括确定应用场景、分析教学主题、分析教学对象、分析教学环境,然后再准备演示内容。教学设计的质量高低很大程度上决定了课件的成败。这一节回顾教学设计前的主要准备工作。在此之前,先简要回顾 PPT 制作中的常见使用错误。

一、PPT 设计中的常见错误

PPT 设计中的第一个常见错误是"书本搬家",如图 2-1 左所示,主要体现在部分教师害怕遗漏与教学内容相关的任何信息,错误地将 PPT 作为教学过程中的提词器,设计的幻灯片中充斥着大段文字。他们在上课时对着 PPT 念,教学内容缺乏重点和组织性;而学生听课时只能跟随教师的教学进程而动,不能自己做主,却不得不在满屏的文字中穿行,苦于抓不住重点,不知道如何做笔记,学习过程中的认知负荷较重。

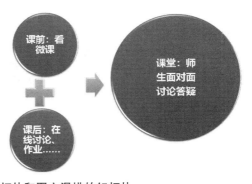

图 2-1 充斥大段文字的幻灯片和图文混排的幻灯片

作为演示工具，PPT 的重点在于传情达意，幻灯片上面的字要尽可能地简短，建议多用关键词组合而非陈述性句子；如果字太多，也不能删除，那么最好对文字进行提炼和分组，如图 2-2 右所示。没人有耐心和喜欢看大段的文本。

PPT 设计中的第二个突出问题是逻辑性差：一是 PPT 整体逻辑性不明显，二是同一张幻灯片中的逻辑性表述语言不明确。整体逻辑性不强主要体现在很多 PPT 中没有目录页，如图 2-2 左所示，教师根据教学内容的展开，一页页向后翻页，教学的节奏感不强。学生很难形成知识逻辑结构，不利于知识的吸收和记忆。因此，为了给学生提供知识点之间逻辑关系的提示，在 PPT 中提供如图 2-2 右所示的目录页和适时的返回很有必要。

图 2-2　PPT 逻辑性不强的情况

同一幻灯片中逻辑性表述语言不明确主要包括两点。一是缩进级别设置问题。缩进一般可以表现层级关系，缩进少的级别更高，缩进多的级别更低，缩进混乱如图 2-3 左所示。段落式文字可适当打破缩进程式，通过文字设置调整。二是字体、字号、颜色设置问题。同一张幻灯片上的文字要通过字体、字号、颜色设置表现其中的逻辑关系。字号大的、字体粗壮的文字级别更高，字号相对较小的、字体相对纤细的级别更低，体现幻灯片内的设计逻辑。

图 2-3　幻灯片页面中的逻辑设计错误

第三个常见错误是颜色运用不当，这是教学 PPT 中最常见的问题之一。部分教学 PPT 字体和背景色差异小，导致投影后极难辨别。实际上，投影到屏幕的 PPT 画面质量远比在显示器上的差。因此，教师在设置文字字号、色彩时需要考虑到投影效果质量较差的情况，尽量加大文字和背景间的明度对比，提高文字的可辨认性。还有的PPT颜色太多，给人一种凌乱、目不暇接的感觉，极易造成学习者的视觉疲劳；有的PPT的背景色选择不当，如选择高饱和的红色、紫色等作为背景色。实际上，PPT颜色最多不要超过三种，颜色越少越好掌控。一般文字、背景各选一种主题颜色。主题颜色最好根据组织标识的配色方案进行设计。

第四个常见问题是喜欢用传统的楷体或者宋体甚至艺术字体。宋体和楷体均为衬线字体，它们在计算机显示器上的识别度不如无衬线字体。衬线字体的笔画粗细不一，有明显的笔锋，这类字体很秀气，装饰性很强，主要代表是宋体、楷体。无衬线字体的笔画粗细一致，没有笔锋，主要包括微软雅黑、思源黑体、冬青黑体、方正兰亭黑体等。两者差异如图2-4所示。

图2-4　无衬线字体和衬线字体对比

第五个常见问题是使用低劣的图片。好图片可以瞬间提升PPT效果，低劣图片也能够瞬间毁了PPT。要避免使用与主题无关、带水印、分辨率低、拍摄水平差的图片。

第六个常见问题是排版混乱随意，没有对齐，给人一种零乱的感觉。图2-5显示了同一内容的两个不同排版的显示效果，其中左图内容没有对齐。

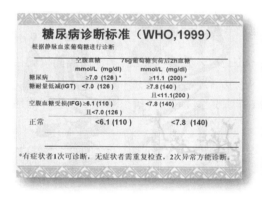

图2-5　杂乱和对齐排版效果对比

第七个常见问题是过度使用动画。PPT演示文稿中有很多切换动画、页面动画，很多人对动画的选择很随意，结果常常会弄巧成拙，显得很幼稚，所以在使用PPT动画时要谨慎。

PPT制作中常犯的错误正好对应它的主要构成元素：内容、背景、配色、字体、图片、排版和动画。要设计精良的PPT，应从这些方面入手。下面介绍PPT制作前的内容梳理。

二、幻灯片设计前的内容梳理

内容是演示文稿的灵魂所在,是制作演示文稿时最需要仔细斟酌的部分,也是决定演示文稿是否出彩的关键因素之一。从本质上讲,幻灯片的演示就是内容的演示。如果内容空泛,逻辑混乱,那么演示很难获得成功。

因此,在设计幻灯片前,你需要先梳理演示内容间的逻辑关系,准备拟演示的内容,包括准备必要的素材等。确定了上述信息后,再动手设计。

(一)分析 PPT 内容的逻辑关系

在准备内容前,你首先需要分析内容应该划分为几大部分,各部分之间具有哪种逻辑关系,以及应该怎样编排内容才能让学习者理解或者取得更好的表达效果。例如,在向学习者介绍一款教学软件时,你可能会按照"这是什么软件,它有什么功能,它对你的学习有什么好处,以及如何使用它"这样的逻辑顺序进行讲解。同样地,在准备幻灯片内容时,你也应该理清表达上的逻辑关系。通常 PPT 的内容编排方式有两种。

一种是按照如图 2-6 所示的先后顺序展开表达,通俗点理解就是"是什么,为什么,怎么做"。例如,如果你在准备一个个人教学述职汇报的 PPT 内容,因为主要是往年教学情况的总结,所以你需要先列出具体的成绩(是什么),再分析为什么会取得这样的成绩(为什么),最后说清楚如何基于既有经验进行改进(怎么做)。

图 2-6　PPT 中按照先后顺序进行的内容编排

再比如,你正在准备一份"利用 iSpring Suite 9 发布演示文稿"的演示文稿,因为要在已有演示文稿或新建演示文稿基础上来执行方案,所以你也可以采用如图 2-7 所示的"新建或打开已有演示文稿、设置播放器、预览演示文稿和发布课程"的编排方式。

图 2-7　根据操作流程的 PPT 内容编排顺序

而对于"毕业答辩",因为涉及因果关系,所以可采用如图 2-8 所示的内容编排方式。

图 2-8　根据因果关系的 PPT 内容编排方式

另外一种是总分结构的表达方式。这种表达方式适用于一件事情是由多个方面构成，或者一种结果是由几个原因所导致的情形。例如，你打算制作一份关于介绍 iSpring Suite 套件构成的演示文稿时，考虑到几部分内容之间不存在因果关系，而是并列关系，因此，你可以按照如图 2-9 所示的逻辑来编排内容。

图 2-9　按照总分结构编排内容的 PPT

（二）通过思维导图构建内容框架

确定好内容的表达逻辑后，接下来就是整理思路，把要表达的内容按照一定的逻辑框架结构列出来，尽量做到内容完整。这时，你可以使用纸和笔，也可以借助思维导图软件将内容之间的逻辑结构绘制成一个思维导图，将整个 PPT 的逻辑整理清楚，以大纲的形式呈现出来。这种做法有助于在整体上把握内容框架，即便中途需要修改，也只需局部微调内容，避免写作过程中稿件被推倒重来的情况发生。如何使用思维导图搭建一个完整的内容框架呢？这里向你推荐思维导图软件 MindManager，它的官网是 https://www.mindmanager.com/cn/。

启动 MindManager 后，你就可以利用思维导图搭建一个完整的内容框架了。这里给你分享一个制作导图的思维技巧，那就是先分类，再举例。例如，如果你要阐释产生雾霾这一问题的原因。如果单纯列举，你可以从汽车尾气、工业尾气排放、降水较少、空气中悬浮颗粒物乃至有机污染物增加等角度解释，但是这种方式很容易造成某些原因的遗漏。而如果先分类思考再列举原因，借助思维导图软件，你就可以先从大的方面进行分类，然后在各分类下列举可能存在的原因，形成如图 2-10 所示的分类结构组织。

这个技巧可以让你的思维更加缜密和完整，有条理地整理出你的知识层面，帮助你搭建一个大概的内容框架。这就是内容准备的第二步，建立起详细的内容框架。在此基础上，有一个目录清单、层级区分，再将大纲归纳成几个板块，然后将每个大纲下的小模块分门别类地放在一张张逻辑关系分明的幻灯片里，转换成 PPT 的封面、目录、标题等框架元素，做到层级清晰易理解，再考虑 PPT 版式的设计和字体、图片等素材的使用和优化。

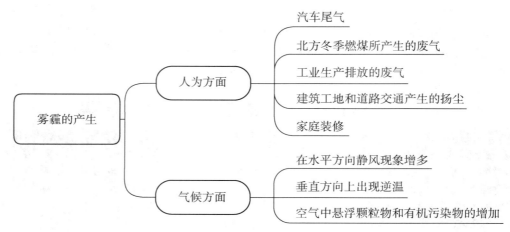

图 2-10　分类结构组织幻灯片内容

（三）组织 PPT 的表达逻辑

通过前面的内容分析，你已经大概确定了 PPT 各部分内容之间的关系。那么，应该按照什么样的表达逻辑，才能将这些内容设计成学生容易理解的教学 PPT？在组织思维和逻辑的时候，你可以参考金字塔结构，即要先表明中心思想，再说论点、论据，再层层延伸，状如金字塔。金字塔结构让你按照观众的逻辑思维方式回答问题，从而形成更强的说服力。金字塔结构的四个基本特征如图 2-11 所示。

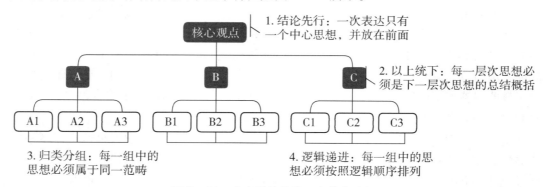

图 2-11　金字塔结构的四个基本特征

前两个是纵向结构，后两个是横向结构。纵向逻辑是一个疑问→回答的过程，上一层观点必须是对下一层观点的概括。

PPT 中的逻辑涉及三块内容：篇章逻辑、页面逻辑和文句逻辑。

1. 篇章逻辑

篇章逻辑是指整个演示文稿内容页面间的框架性逻辑，即 PPT 的主线。PPT 的框架是否清晰，各内容板块是否合理，看 PPT 目录就知道了。通过前面对幻灯片内容表达逻辑的梳理，你已经确定好了 PPT 的一级、二级目录，这时，你只需将要表达的思想、观点写在对应的标题栏中，再以缩略图形式浏览整体的内容框架，如图 2-12 所示。

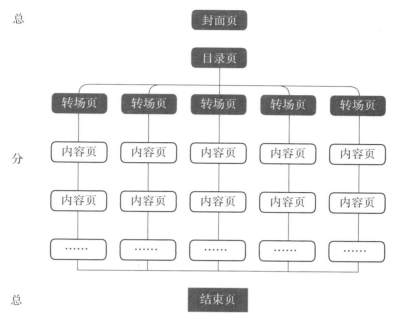

图 2-12　PPT 的篇章逻辑

2. 页面逻辑

页面逻辑指每张幻灯片内部的内容逻辑。一张幻灯片内部的逻辑关系有很多种，最常见的有并列、因果、层级、对比、顺序、递进、循环等。

（1）并列：并列是单页幻灯片内容最常用的逻辑关系，表示内容各部分是平等关系，可以互换位置。例如，图 2-13 中介绍的"模块化、模板化、简捷化"就是并列关系。

图 2-13　单页幻灯片内容的并列逻辑关系

（2）因果：因果逻辑的表达方式很多，只要幻灯片中包含箭头，就可以表达因果逻辑。例如，图 2-14 就是一个简单的因果逻辑示意图。

图2-14　单页幻灯片内容的因果逻辑关系

（3）层级：层级逻辑表示PPT页面各部分内容在纵向上按照等级划分。类似的有图2-15的上下层级组织结构，如企业组织架构、马斯洛需求层次塔等。

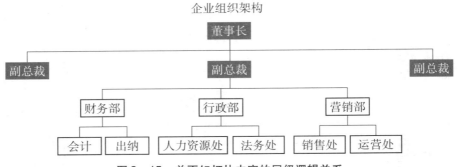

图2-15　单页幻灯片内容的层级逻辑关系

对于层级逻辑的组织，最常见的是按照如图2-16的金字塔原理进行的。

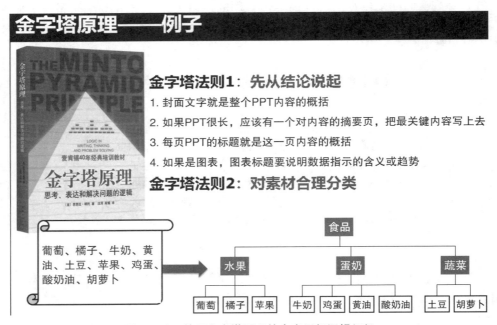

图2-16　基于金字塔原理的内容层级逻辑组织

（4）对比：对比逻辑常用来表示两个以上事物之间的比较，多用于强调各部分内容的差异和区别。这种对比不是绝对意义上的对立关系，而是语境上的对比分析，如数量对比、SWOT 分析、前后对比分析等。图 2-17 即为一个例子。

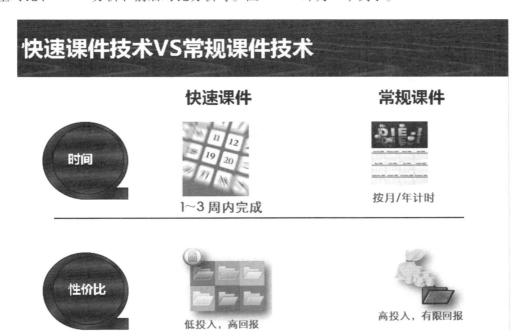

图 2-17　单页幻灯片内容的对比逻辑关系

（5）顺序：表示单页幻灯片内部各部分按照时间历程、流程、步骤、重要性等排序。它与并列关系的最大区别在于有先后之分，如按照流程或时间顺序排列等。图 2-18 即为一个例子。

图 2-18　顺序结构的单页幻灯片内容的顺序逻辑关系

（6）递进：表示 PPT 后面部分内容在前面内容基础上更进了一层，如用 PPT 呈现企业战略目标的逐年升级等。图 2-19 就是一个典型的按照业务开展的层层递进的例子。

图 2-19　单页幻灯片内容的递进逻辑关系

（7）循环：表示 PPT 各部分内容经过一系列发展或变化又回到初始状态，或者事物发展形成完整闭合圈。比如，四季交替变化、学习和分享、大气圈水循环、勒温的行动研究螺旋循环模型等。图 2-20 即为一个例子。

图 2-20　单页幻灯片内容的循环逻辑关系

3. 文句逻辑

文句逻辑主要指具体每句话的逻辑。推荐采用金字塔原理的 SCQA 结构构建 PPT 文句逻辑。所谓 SCQA 就是：场景（situation）—冲突（complication）—问题（question）—回答（answer）。该模型在演示中经常用到，如图 2-21 所示。

图 2-21　PPT 页面文句间的逻辑模型

S：situation（情景），由大家都熟悉的情景、事实引入。

C：complication（冲突），但是实际情况往往和我们的要求有冲突。

Q：question（疑问），怎么办？

A：answer（回答），我们的解决方案是……

SCQA 是一种非常有用的逻辑框架，它可以用于突出背景之中的冲突，试图通过逻辑化的说明让听众建立兴趣，以及初步认可背景和观点之间的因果关系。SCQA 结构也是麦肯锡专业咨询报告的常用写法。

举例：假如你要向观众介绍一款导航软件。

S：有很多人会在节假日的时候选择出去旅游。

C：但是去到一个陌生的地方，由于对地方不熟悉，经常会迷路。

Q：请导游太贵，那你应该怎么办？

A：使用导航软件。

这就是利用论据支撑论点的表达方式。当然，如果想让论点具有说服力，就需要找到比较全面而且权威的论据。

（四）采用论据支撑论点的方式填充内容

什么叫论据支撑论点的方式呢？例如，在论证快速课件受欢迎的原因时，通常情况下你会用口头交流方式说出具体原因。在幻灯片中建议先写论点，再列举论据。比如，在图2-17中，快速课件技术受欢迎（论点）包含以下原因（论据）：开发时间短、性价比高。采用这种方式是为更好地根据幻灯片内容展示特点进行选择。因为通常在一张幻灯片上，会包含类似图2-22所示的论点和论据这两部分内容。

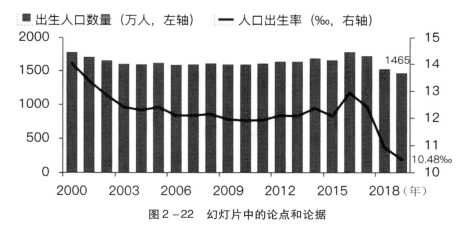

图2-22 幻灯片中的论点和论据

随后，你需要把论据全部罗列在页面之后，这时的幻灯片只是一副"空架子"。为了增强说服力，就需要有一些论据来支撑你的观点，这些论据通常是数据、图表、图片或视频。

以上就是内容准备的步骤，即在准备内容时，你首先需要确定内容表达的逻辑关系，并建立详细的内容表达框架；然后在PPT中组织内容的逻辑设计方案；最后，寻找论据来支撑内容表达。

（五）搭建幻灯片的内容结构

一般而言，如果幻灯片内容超过10页，为了便于别人清晰把握PPT的脉络和框架，最好在用思维导图软件绘制PPT内容具体框架的基础上，在演示文稿中搭建完整的内容结构。一份完整的PPT结构包含封面页、目录页、提示页、内容页、结束页这五部分。

其中，提示页数量由目录数量决定。目录与内容逻辑关系分析中所确定的各个部分对应。

例如，你有一个介绍 PPT 设计六大原则的演示文稿。它的封面设计很简单，"设计 6 原则"。紧随其后的是目录页，从图 2-23 可知，该演示文稿包括"统一与和谐""平衡与对齐""主导与强调""层次结构""尺寸与比例""相似与对比"六部分。

图 2-23　PPT 内容目录结构

看到目录页，相信学习者已经在脑海中大致建立了一个内容介绍的框架，知道内容在结构上分别要介绍"统一与和谐""平衡与对齐""主导与强调""层次结构""尺寸与比例""相似和对比"这六点。那么，接下来就需要展开讲解各部分的功能。

首先是如图 2-24 所示的"统一与和谐"，在开始介绍之前，专门有一个提示页幻灯片告诉学习者，接下来要讲解"统一与和谐"的相关内容。

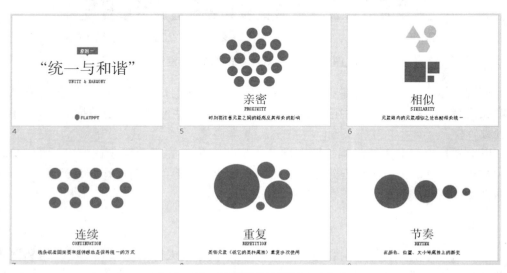

图 2-24　PPT 具体页面的内容框架

在介绍"平衡与对齐""主导与强调"部分的时候与介绍"统一与和谐"类似,也是先呈现提示页面,再显示相关详细页面,以便让学习者有一个思维上的转换,避免不清楚演讲者当前正在介绍哪一部分内容的情况发生。

接下来是"尺度与比例"部分的介绍,如图2-25所示,它的过渡页面与之前类似。

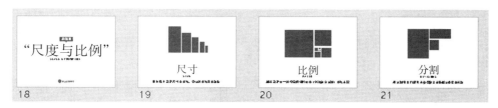

图2-25 "尺度与比例"的过渡页面和具体页面内容框架

第五个部分是"主导与强调"部分的内容,具体如图2-26所示。

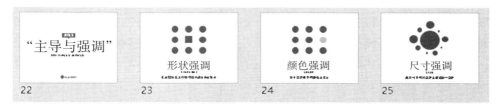

图2-26 "主导与强调"的过渡页面和具体页面内容框架

最后一个部分是如图2-27所示的"相似和对比"部分的内容。

图2-27 "相似与对比"的过渡页面和具体页面内容框架

所有内容介绍完毕后,再来个简单的收场即可。

这就是幻灯片页面的构成部分。当你用幻灯片介绍教学内容时,也可以参考这样的结构,从而帮助学习者轻松地理解你想要表达的东西。

第二节 PPT制作中的设计思维

艺术设计是演示文稿创建中的重要组成部分。人们都希望自己创建的演示文稿能够吸引学习者并保持他们的注意力。你可以将平面设计的一些基本原则和技巧应用到

PPT 的设计和排版中，通过图形设计创建有效沟通的准则。这些原则的应用方式会影响作品内容和信息的表达。很少在设计演示文稿时只使用其中的一个原则，但也不必在一页上同时使用全部六个原则。

一、统一与和谐

PPT 的首要设计原则是“统一与和谐”。统一指的是幻灯片结构清晰，风格一致，包括统一的页面设计、配色方案、字体、字号、图形使用方式和位置等，应在幻灯片中形成一致的风格，否则 PPT 会显得凌乱。和谐侧重幻灯片在视觉上所呈现出来的某种舒适度，主要包括版式设计、字体设计、色彩设计等。你可以通过亲密、相似、连续、重复和节奏原则，做到设计要素间的统一与和谐。

（一）亲密

亲密的主要目的是将相关元素靠拢、归组在一起，以便组织设计。制作 PPT 时，同一组对象距离要近，不同组对象之间要有适当的距离。两个或多个彼此聚拢的对象就会成为一个视觉单元，而非多个孤立元素。这有助于组织信息，减少混乱，为学习者提供清晰的结构。

彼此没有关联的信息项或组之间不应存在很近的亲密性，即不应靠近，这样就可以为学习者提供一个了解页面组织和内容的直观提示。例子如图 2－28 的左侧所示。

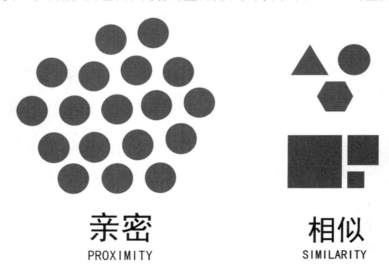

亲密
PROXIMITY
相似
SIMILARITY
时刻要注意元素之间的距离及其带来的影响，元素组内的元素相似之处也能带来统一。

图 2－28　PPT 设计的亲密和相似原则

图 2－29 右的分类标签就是根据亲密原则，对图 2－29 左中关于女性画像的数据分析标签进行归类而形成的。

图 2-29　PPT 设计的亲密原则案例

（二）相似

格式塔理论是以"形"作为研究对象的心理学流派，它包含 8 条认知组织原则，相似原则是其中的间接法则的一种具体表现形式。它指的是元素形式和内容上的接近，包括形状、颜色、大小、运动状态等。如果一堆元素中有一些具有某种相似特征，则在认知上这些元素具有更强的相关性。例子如图 2-28 右侧所示的图形。

（三）连续

线条或者具有延伸感也是保持统一的方式。例子如图 2-30 左侧的图形。

（四）重复

重复通过在设计中多次重复使用某些元素来加强设计效果，以便创建一致性和连续性。重复元素可以是颜色、字体、线宽、图形、项目符号、设计要素、某种格式等。

例如，对于"我国垃圾数量巨大，人均生活垃圾年产量 440 千克，全国城市垃圾年产量 1.5 亿吨，且每年以 8%～10% 的速度增长，全国历年存量已超过 60 亿吨"这段文字，就可以通过分列数据文本，对数据进行提炼、放大处理，再插入凸显主题的图片作为背景，添加蒙版、增加装饰、修改关键字体颜色、增加装饰图标和渐变色块，从而达到重复的效果，如图 2-31 所示。

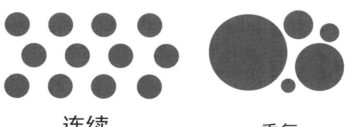

图 2-30　PPT 设计中的连续和重复原则

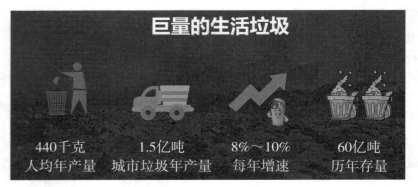

图 2-31　PPT 设计中的重复思维

（五）节奏

对象在颜色、位置、大小等属性上的变化能够为 PPT 页面增加一些节奏感，同时又不失统一，如图 2-32 所示。在设计 PPT 时，你可以通过设计并使用排版模板组织内容来形成一定的节奏。模板不必很多，只需要三四个即可，这样使页面看起来更像一个整体，如标题页、目录页、过渡页、内容页等。

图 2-32　PPT 设计中的节奏变化

二、平衡与对齐

平衡与对齐能够为 PPT 设计提供稳定性和结构性。元素不一定必须大小相同。可以通过在设计的一侧放置一个大元素，在另一侧放置几个小元素来实现平衡。可以通过对称或不对称两种方式来实现平衡。

（一）对称

围绕某条线轴对称排列幻灯片对象，同时兼顾大小、形状上的对应，就可以实现对称平衡。你还通过使用对比实现不对称平衡。图 2-33 左侧即为一个对称的例子。

（二）绕圈

有时，即使两组对象的元素形状、颜色等属性不同，但在视觉上，由于配色、大小、位置相似，整个页面保持了平衡感。图 2-33 右侧即为绕圈的例子。

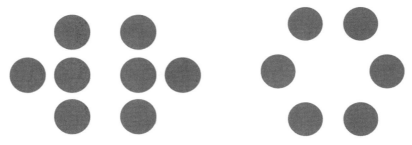

图 2-33　PPT 设计中的对称和绕圈

（三）平衡

平衡指的是在设计时，合理安排各元素，使其视觉重量在整个画面中达到一种平衡状态。在设计平衡时，你可以使用对称设计，也可以使用非对称设计。例如，使用对称平衡，则在一侧具有一个元素，而在另一侧具有相同的元素。如果使用非对称平衡，可以在一侧有一个较大元素，在另一侧放置几个较小元素。设计平衡通过在设计中放置元素实现。具体例子如图 2-34 所示。

图 2-34　PPT 设计中的平衡

（四）对齐

你可以通过在幻灯片中，对多个对象实施左右对齐、顶部和底部对齐、居中对齐、横向和纵向分布等操作，实现多个对象间的对齐，具体如图 2-35 所示。

图 2-35　PPT 中对象的对齐方式

三、主导与强调

主导与强调对于突出重点、吸引学习者的注意力具有重要意义。主导与强调有形状强调、明暗强调、尺寸强调、装饰强调与颜色强调等多种形式。

（一）形状强调

形状强调从表现形式上打破视觉平衡，会起到突出重点的效果。比如在圆形的对象中间添加正方形对象，与众不同即为突出。图 2-36 左侧即为形状强调例子。

（二）明暗强调

同样的形状，可以通过改变填充颜色的亮度获得如图 2-36 右侧所示的明暗强调效果。

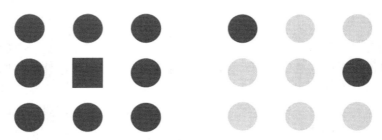

图 2-36　PPT 设计中的形状强调和明暗强调

（三）尺寸强调

形状大小的变化，可以起到尺寸强调的效果。图 2-37 左侧的尺寸大小表示对象的重要程度，类似于饼状图扇形弧度的大小。

（四）装饰强调

改变对象的边框、填充的纹理，或者用线条进行装饰，不但可以起到修饰的效果，还能够突出显示要强调的内容，图 2-37 右侧即为装饰强调范例。

图 2-37　幻灯片设计中的尺寸和装饰强调

（五）颜色强调

同样的形状，通过改变填充的颜色，可以达到强调的效果。

四、层次结构

你还可以使用树状结构、巢状结构,以及在视觉重量上区分层级结构。

(一)树状结构

树状结构如图2-38左侧所示,它类似于组织结构图,其中的各个元素按照树干、树枝、枝条的等级依次排列,它包括自上而下、自下而上、自左至右的排列方式。

(二)巢状结构

巢状结构本质上与树状结构相同,都是对元素父级、子级、孙级的排列,只不过它是向四周伸展,能够在表达层级关系的同时,体现元素间的扁平化关系。如图2-38右所示。

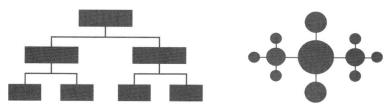

图2-38 PPT设计中的树状结构和巢状结构

(三)视觉重量

视觉重量是将颜色、大小等具有相同视觉重量的对象放置在同一层级中,如图2-39所示。比如页面中的一级标题的字体加粗、字号较大,而正文字体的字号较小。

图2-39 PPT设计中的视觉重量原则

五、尺度与比例

尺度与比例是从整体角度进行设计与排版的原则。在建筑、雕刻艺术中,精心设计的比例往往给人以视觉上的美感。尺度与比例在平面设计中同样必不可少。

（一）尺度

元素的尺度变化要遵循一定规律，用来标识对象之间的联系，如递进关系、层级关系等。尺度原则如图 2－40 左侧示意图。

（二）比例

比例指的是将两数相比所得的值。将元素以视觉和谐的比例进行排列，可以得到较好的视觉体验。例如，黄金分割点是指事物各部分间一定的数学比例关系，即将整体一分为二，较大部分与较小部分之比等于整体与较大部分之比，其比值约为 1∶0.618，即长段为全段的 0.618。0.618 被公认为最具有审美意义的比例数字，因此被称为黄金分割点。PPT 设计中的比例如图 2－40 右侧所示。

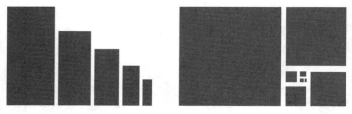

图 2－40　PPT 设计中的尺度与比例

（三）切分

PPT 页面构图和摄影有异曲同工之妙，运用画面的等比例切分，起到视觉引导的效果。下面主要介绍三种常见的切分构图方法。

九宫格构图法是最为常见、最基本的构图方法。如果把画面当作一个有边框的面积，把左、右、上、下四个边都分成三等分，然后用直线把这些对应的点连起来，画面中就构成一个"井"字，画面被分成面积相等的九个方格，这就是我国古人所称的"九宫格"，"井"字的四个交叉点就是线条的黄金分割点。（图 2－41 左）

对角线构图法也是一种常见的构图方法。在这种构图中，主体位于画幅中近对角线的连线上。（图 2－41 中）这种构图具有立体感、延伸感和运动感。

三分法构图法是黄金分割构图形式的简化版，指的是将画面按照横竖三等分的比例分割后，在主体以线条形式出现时，将其置于画面任意一条三分线位置。（图 2－43 右）此构图形式能够在视觉上带给人愉悦和生动的感受，避免主体居中产生的呆板感。

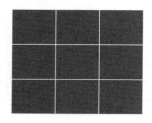 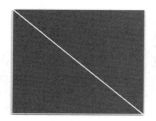 

图 2－41　PPT 设计中的切分

第三节 小　　结

本章简要回顾了 PPT 设计前的准备工作、PPT 制作中的设计思维。下一章将为你介绍如何利用 iSpring Suite 9 本身提供的音频讲解录制功能，为已设置好自定义动画的演示文稿录制同步的音频或视频讲解。

第三章　管理音频和视频讲解

本章将向你介绍如何在 iSpring Suite 9 中录制和编辑音频和视频讲解，主要内容包括：录音的准备技巧、如何设置麦克风、如何利用 iSpring Suite 9 为演示文稿录制同步的音频或视频讲解、如何利用讲解编辑器管理音频和视频剪辑、如何在讲解编辑器中编辑媒体剪辑。

第一节　录音的准备和技巧

高质量的音频或视频讲解的录制离不开事前的精心准备，也需要你提前了解一些录音的常用技巧。下面是录制音频或视频前需要注意的 8 个关键问题。

（1）选择高质量的麦克风。如果想直接在演示文稿中利用 iSpring Suite 9 录制音频或视频讲解，你需要有一个连接到电脑的麦克风。它是录音过程中的关键设备之一。为了获得高质量音频，建议你购买高品质的麦克风，而不是使用摄像头自带的麦克风——一是它质量不高，二是嘴巴和麦克风的距离会使录制出来的音频听起来像在隧道中说话。

（2）使用固定桌面话筒架。为了避免你在录音过程中一直把话筒或麦克风拿在手上及手的移动带来录音质量问题，你还可以选择一个桌面话筒架，从而在录音时保持身体和话筒距离的稳定性，防止录制的音频忽大忽小。

（3）选择安静的录音场所。录音前，你最好选择一个隔音良好的房间，以免环境声音通过话筒进入录音文件中。高分贝的刺耳声只要录入音轨就难以消除和弱化。

（4）准备解说词。虽然很多人认为录制讲解很容易，但当他们自己站在麦克风前的时候，却几乎把要说的话忘得一干二净。因此，建议你在录制讲解前，最好把需要录制的话完整写下来。在录制讲解时，iSpring Suite 9 的讲解编辑器可以显示你在幻灯片备注面板中输入的文本。如图 3-1 所示的幻灯片注释面板是撰写音频或视频解说词的理想场所。

图 3-1　幻灯片注释面板中的解说文本

（5）关闭所有与录制内容无关的程序。录音前千万记住把 QQ、微信、YY 语音之类的聊天软件关掉！否则，录制出的讲解特别像电台录音的效果。

（6）避免喷麦。很多初学者说话时很容易伴有噗噗的气流吹击话筒产生噪声，它们在后期处理中无法消除，应该在录制时尽量避免。为了防止发出噗噗的音频和保护麦克风，建议你在话筒前添加防喷罩，或者在话筒上包裹海绵，或用铁丝做一个圆圈，再在上面罩上丝巾、纱布等轻薄东西后，放在话筒前面约 1 厘米处。另外，录音时不要让话筒离嘴太近，最好有 3～4 厘米远，嘴与话筒不正对，稍微偏离约 30°。如果声音很大，要注意调整距离，可以将嘴和话筒的距离调到 6 厘米左右，避免录音时产生破音。

（7）防止过载。过载就是在录音时原始音量过大或后期制作时音量提升过高，致使电平值超过了软件处理及听觉的理想负荷。音频上表现为破音。过载与录音时原始音量大小和后期制作时音量提升幅度密切相关。因此，你需要在录音时适当留有一点余地，这样，后期制作时才有调整空间。请在正式录制讲解前先试录一段，依此调整麦克风音量。

（8）噪声取样。在正式录音的时候，请在每个音轨前录上最少 5 秒的无人声噪声作为样噪，以便在后期的干音处理过程中作为噪声的样本进行取样。

第二节　在 iSpring Suite 9 影音编辑器中设置麦克风

了解了录音的常见技巧后，你就可以进行正式录音了。不过在此之前你还需要在 iSpring Suite 9 中识别和配置所选择的麦克风。请参考以下步骤，使用 iSpring Suite 9 影音编辑器的"麦克风设定精灵"设置音量和麦克风灵敏度，验证音频的设置是否正确。

（1）打开一个需要添加音频或视频讲解的演示文稿。

（2）在演示文稿菜单中选择 iSpring Suite 9 → 管理讲解 。

（3）打开 iSpring Suite 9 影音编辑器窗口，单击左上角的 菜单 按钮。

（4）弹出如图 3-2 所示的下拉菜单，从中单击 选项 。

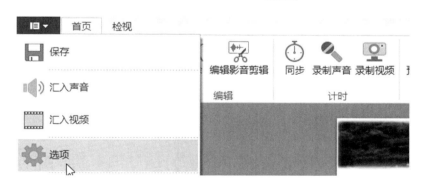

图 3-2　iSpring Suite 9 讲解编辑器的选项

（5）弹出如图3-3所示的设定对话框。

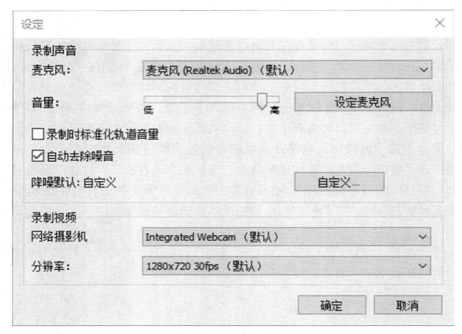

图3-3　讲解编辑器的设定对话框

（6）单击 设定麦克风 按钮，弹出如图3-4所示的麦克风设定精灵窗口。

（7）如图3-4所示，选择需要的麦克风后，单击 下一步 按钮。

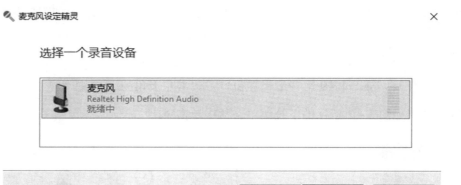

图3-4　录音设备选择对话框

（8）在如图3-5所示的选择录音设备窗口，选择合适的录音设备类型后单击 下一步 按钮。

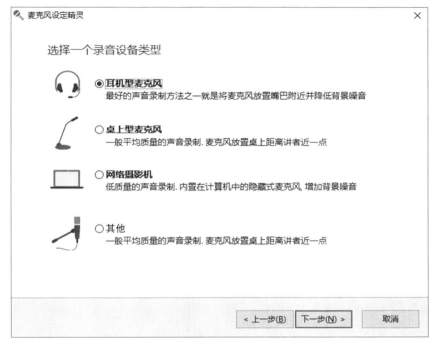

图 3-5 麦克风录音设备类型选择对话框

（9）弹出如图 3-6 所示的录音技巧对话框，仔细阅读后单击 下一步 按钮继续。

图 3-6 录音技巧对话框

（10）按照如图3-7所示的提示，朗读录音测试提示文字，然后单击 下一步 按钮继续。

图3-7　麦克风设定精灵中的预设朗读文本

（11）弹出如图3-8所示的麦克风成功设定完成窗口，单击 完成 按钮，结束麦克风的配置。

图3-8　麦克风设定完成窗口

经过上述操作,你就完成了录音前的所有必要设置。

第三节 录制同步的音频或视频讲解

讲解的录制及其和幻灯片对象的同步操作都很简单。iSpring Suite 9 推荐你使用内置的讲解编辑器录制和管理音频或视频讲解。你还可以在讲解编辑器中打开影音编辑器,对录制或导入的音频或视频进行必要的编辑操作。

下面分别向你介绍录制同步的音频和视频讲解的方法。

一、录制同步的音频讲解

要利用 iSpring Suite 9 内置的录音功能,通过朗读文字脚本的方式录制与幻灯片动画对象同步的音频讲解,请参考以下操作步骤进行操作:

(1) 在 Word 或记事本中为每张幻灯片撰写好解说文字脚本。
(2) 打开需要录制音频讲解的演示文稿。
(3) 在演示文稿中选择需要添加讲解的一张幻灯片。
(4) 将解说文本复制到选定幻灯片的注释面板中,具体操作如图 3-1 所示。
(5) 在所有需要录制讲解的幻灯片中重复步骤(2)和步骤(3)。
(6) 选择演示文稿中需要录制音频讲解的第一张幻灯片。
(7) 单击演示文稿的 iSpring Suite 9 菜单。
(8) 在右侧的讲解窗格中选择 录制音频 按钮,打开如图 3-9 所示的音频录制窗口。

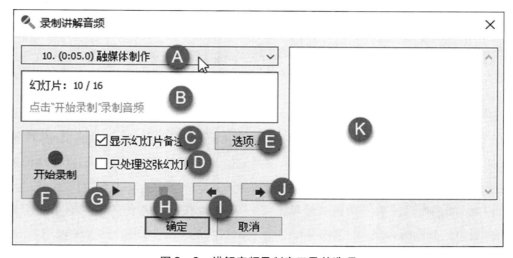

图 3-9 讲解音频录制窗口及其选项

录制音频讲解窗口中各个按钮的含义见表 3-1。

表 3-1 选项含义

选项	含义
（A）下拉幻灯片列表	你可以从该下拉列表中选择需要录制的幻灯片
（B）信息窗格	显示演示文稿的幻灯片数量、当前幻灯片在演示文稿中的位置、播放持续时间并提供录音提示
（C）显示幻灯片备注	选中它则在右侧幻灯片备注文本窗格会有显示（K）
（D）只处理这张幻灯片	选择该复选框，每次只处理选中的幻灯片
（E）选项	单击该按钮，允许你从中选择一个音频录制设备
（F）开始录制/下一步动画/下一张幻灯片按钮	这是一个标签可变的按钮，单击开始录音/单击前进到下一个动画/单击前进到下一张幻灯片
（G）播放/暂停按钮	单击播放/暂停已录制的音频
（H）停止按钮	单击后会停止录制音频的播放
（I）向左箭头按钮	单击该按钮会进入前一张幻灯片
（J）向右箭头按钮	单击该按钮会进入下一张幻灯片
（K）幻灯片备注窗格	用于显示录制音频或视频旁白的文本

（9）根据需要，在该窗口中进行以下设置：

a）若选择 显示幻灯片备注 ，则会在右侧的幻灯片备注窗格中显示幻灯片备注文本。

b）若选择 只处理这张幻灯片 ，则每次只为一张幻灯片录制讲解。

c）若单击 选项… ，则可以打开音频或视频录制设置选项窗口。

（10）设置完成后单击 确定 按钮，关闭选项对话框并返回录制讲解音频窗口。

（11）单击 开始录制 按钮，幻灯片自动开始播放，请你对着麦克风说话。这时，黄色信息窗格中会按照小时、分、秒和十分之一秒的形式显示讲解长度。

（12）如果幻灯片中没有其他动画，这时，你会发现 开始录制 按钮已经变成 停止录制 按钮。完成整张幻灯片讲解的录制后单击 停止 按钮。

（13）如果幻灯片中包含多个自定义动画，单击后的 开始录制 按钮将变为 下一步动画 按钮。同时，幻灯片中的内容是空的。这不奇怪，因为自定义动画的放映就是通过鼠标或键盘等事件触发对象的播放。

（14）如果要激发某个动画，请单击 下一步动画 按钮。左侧的信息框中显示下一步动画对象及其动画效果。如图 3-10 所示，幻灯片的下一步动画对象是组合 52，动画效果是百叶窗。

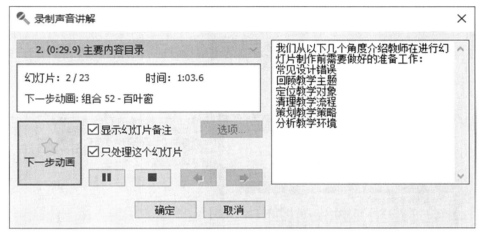

图 3-10　录制讲解音频窗口的录制对象及其动画效果

（15）完成了一张幻灯片的音频录制后，请如图 3-11 所示单击 停止 按钮。

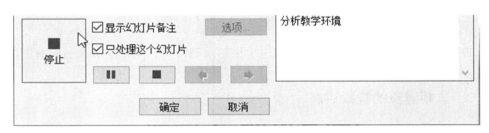

图 3-11　音频录制窗口中的控制按钮

（16）你可以利用开始按钮右侧的 播放 / 暂停 和 停止 按钮预览录音效果。这些按钮与标准图形化的播放控制按钮完全一样。

（17）如果你再次单击 开始录制 按钮，会重新开始录制过程并覆盖已有录制讲解，并弹出一个错误提示窗口。请根据实际情况决定是否重录音频。

（18）完成了一张幻灯片音频讲解的录制任务后，如图 3-12 所示，你可以通过单击 ← 按钮和 → 按钮跳转到其他幻灯片中，继续音频讲解的录制。

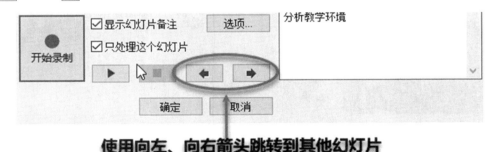

图 3-12　音频录制窗口中的左右切换按钮

（19）你也可以通过单击位于录制讲解音频窗口顶端幻灯片编号对应的向下箭头，打开如图3-13所示的幻灯片缩略图下拉列表。其中，已录制过讲解的幻灯片左侧会显示一个音频图标 ◀)，右侧会出现提示已录制的讲解持续时间的信息。

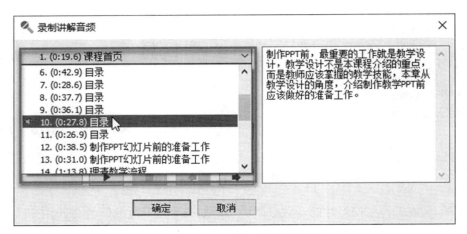

图3-13　幻灯片缩略图下拉列表

（20）录制完成后，单击 确定 按钮退出讲解录制窗口，返回演示文稿的编辑窗口。

二、录制同步的视频讲解

除了可以为幻灯片录制同步的音频讲解，如果你的电脑配置有高质量的摄像头，你还可以利用 iSpring Suite 9 为演示文稿录制视频讲解。除了要额外录制头像视频，这种方法与录制音频讲解完全相同。当学习者浏览发布的课程内容时，他们不仅会听到同步音频讲解，还能看到老师的视觉形象。

要为幻灯片录制视频讲解，请按照以下步骤进行操作：

（1）在 PPT 中选择 iSpring Suite 9 → 录制视频 ，弹出如图3-14所示的录制视频讲解窗口。

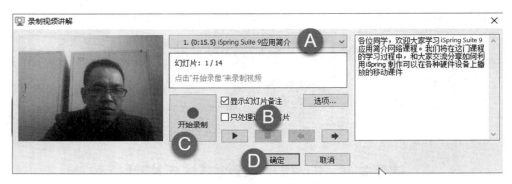

图3-14　录制视频讲解窗口

（2）单击 幻灯片选择器下拉列表 （A），从中选择需要录制视频讲解的幻灯片。

（3）如果你希望每次只处理一张幻灯片，请选择"只处理这张幻灯片"复选框（B）。

（4）单击 开始录制 按钮（C），开始视频讲解的录制。

（5）如果幻灯片中没有自定义动画，开始录制 按钮（C）将变为 停止 按钮。

（6）如果幻灯片中包含多个自定义动画，单击 开始录制 按钮后，按钮变为 下一步动画 按钮。这时屏幕内容是空的。这是因为自定义动画对象需要通过播放计时或单击时才显示。

（7）如果你想激发某个动画，请单击 下一步动画 按钮。iSpring Suite 9 会在黄色信息窗格中向你提示下一步动画对象文本及动画效果。

（8）当幻灯片到达最后一个自定义动画时，下一步动画 按钮变为 停止 按钮。

（9）单击 停止 按钮，停止视频讲解录制。

（10）你可以利用开始录制按钮右侧的 播放 / 暂停 和 停止 按钮预览录制的视频讲解。

（11）如果打算重新开始录制，请你再次单击 开始录制 按钮。这时，系统会弹出一个对话框，询问你是否要覆盖已存在的文件。

（12）你可以单击 ← 或 → 切换到其他幻灯片。

（13）你还可以从幻灯片下拉列表（A）中选择要录制视频讲解的其他幻灯片。

（14）录制完成后，单击 确定 按钮，关闭录制视频讲解窗口并返回幻灯片编辑窗口。

第四节　使用 iSpring 讲解编辑器管理音频和视频剪辑

除了直接在演示文稿中利用 iSpring Suite 9 录制音频或视频讲解外，你还可以在 iSpring 讲解编辑器中录制或导入外部的音频或视频讲解，同步幻灯片与导入的音频或视频讲解。

一、启动 iSpring 讲解编辑器

请你参考以下步骤启动 iSpring 讲解编辑器。

在演示文稿菜单中选择 iSpring Suite 9 → 管理讲解 ，打开如图 3 - 15 所示的 iSpring 讲解编辑器窗口。各部分及其对应功能如下：

图 3-15 iSpring 讲解编辑器窗口

（1）工具栏（A），通过它可以访问 iSpring 讲解编辑器的大部分功能。

（2）幻灯片缩略图窗格（B），用于显示演示文稿中的幻灯片缩略图列表。

（3）当前幻灯片预览窗格（C），用于显示当前所选择的幻灯片内容。

（4）视频预览窗格（D），用于预览演示文稿或显示播放的当前视频帧。

（5）幻灯片备注窗格（E），用于显示当前幻灯片的备注文本。如果在此处编辑备注文本，你单击 保存并关闭 按钮后，会更新演示文稿中的备注文本。

（6）演示文稿播放控制窗格（F），包含用于控制演示文稿播放的按钮。

（7）音频和视频时间轴窗格（G），它会显示幻灯片播放顺序和声画同步信息。你可以在这里设置幻灯片对象与视频和音频的同步。

（8）状态栏（H），它会显示幻灯片总数、演示持续时间和缩放窗格的信息。

二、设置幻灯片播放控制

在 iSpring 讲解编辑器打开演示文稿后会自动进入播放模式，你可以快速预览没有动画和转场效果的静态幻灯片、调整幻灯片时长、改变动画开始时间、添加或删除音频或视频讲解。要播放没有转场和动画的演示文稿，请执行以下操作：

（1）在时间轴的任意位置单击，选择此处作为演示文稿开始播放的位置。

（2）单击如图 3-16 所示的播放面板中的 播放 按钮，从光标位置开始播放演示文稿。

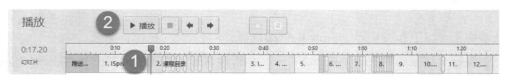

图 3-16 讲解编辑器的播放面板

三、管理幻灯片备注

虽然幻灯片备注面板能编辑备注文本,但在 iSpring 讲解编辑器中编辑会更方便,因此,建议你在录制前,按照以下步骤检查和修改幻灯片备注文本:

(1) 在 iSpring 讲解编辑器左侧选择需要编辑幻灯片备注的幻灯片。

(2) 直接在如图 3-17 右的幻灯片备注窗格中修改需要的幻灯片备注文本。

图 3-17　讲解编辑器窗口右侧的幻灯片备注窗格位置

(3) 你可以通过单击备注窗格右上方的 × 按钮,关闭备注窗格。

(4) 如果要打开幻灯片备注窗格,请选择 概观 → 幻灯片备注 ,如图 3-18 所示。

图 3-18　概观菜单

(5) 按照 首页 → 保存并关闭 的顺序选择,更新幻灯片备注内容。

四、在讲解编辑器中录制音频讲解

你可以参照以下步骤,在 iSpring 讲解编辑器中录制音频讲解。

(1) 在左侧的幻灯片缩略图窗格中选择一张需要录制音频讲解的幻灯片。

(2) 依次在菜单栏选择 首页 → 录制音频 ,如图 3-19 所示。

图 3-19　录制音频按钮在讲解编辑器中的位置

（3）iSpring 讲解编辑器屏幕中央会弹出如图 3-20 所示的录制音频窗格。

图 3-20　讲解编辑器窗口中的音频录制窗格

（4）你可以使用录制音频窗格上的 移到上一张幻灯片 （向左箭头）/ 移到下一张幻灯片 （向右箭头）按钮，将光标放置在幻灯片中要开始同步过程的位置。

（5）如果选中 只处理当前幻灯片 ，每次只录制选中幻灯片的讲解音频。为了避免你在录制过程中出现手忙脚乱的情况，建议选择该选项。

（6）单击 开始录制 按钮后，演示文稿将开始播放。这时，屏幕内容是空的，同样需要通过幻灯片计时计数或单击鼠标加以显示。

（7）现在，请你利用麦克风动态录制与动画同步的讲解。根据演示文稿中即将到来的对象， 开始录制 按钮将被以下按钮所取代：

a）如果幻灯片中没有设置自定义动画， 停止 按钮会取代 停止录制 按钮。

b）如果幻灯片中有自定义动画， 开始录制 会被 下一步动画 按钮所取代。

（8）对于带有自定义动画的幻灯片，请在适当时刻单击 下一步动画 按钮。

（9）对于带有自定义动画的幻灯片，如果幻灯片中没有更多动画， 下一步动画 按钮会变为 停止 按钮，请单击 停止 按钮停止录制。

（10）完成录音后，单击 完成 按钮以保存退出录音模式，或单击 取消 按钮放弃音频。

五、在讲解编辑器中录制视频讲解

如果电脑安装了摄像头，你也可以在讲解编辑器中录制视频讲解：

（1）在讲解编辑器左侧的幻灯片缩略图中选择需要录制讲解的幻灯片。

（2）单击工具栏上的 录制视频 按钮，具体操作如图 3-19 所示。

（3）屏幕中央会出现如图 3-21 所示的录制面板，头像视频通过摄像头捕捉。

图 3-21　录制视频讲解时的控制面板

（4）你可以使用 录制面板 上的 ←/→ 按钮选择开始录制过程的位置。

（5）如果只想为一张幻灯片录制视频，请选中 只处理当前幻灯片 复选框。

（6）单击 开始录制 按钮后，你的演示文稿将开始播放。

（7）现在，请立刻录制与动画对象同步的视频讲解。根据演示文稿中即将到来的对象， 开始录制 按钮将被 停止/下一步动画 按钮所取代。

a）如果幻灯片中没有自定义动画， 开始录制 按钮将变为 停止 按钮，单击该按钮会停止视频的录制。

b）如果幻灯片中包含自定义动画， 开始录制 按钮将变为 下一步动画 按钮。单击它会激发并显示动画对象，请你在幻灯片中的自定义对象显示时对着麦克风讲话。

（8）在合适位置单击 下一步动画 按钮中触发 下一步动画 按钮对象的同时，对着麦克风说话，录制相应的视频讲解。

（9）达到最后一个动画时， 下一步动画 按钮将变为 停止 按钮，单击 停止 按钮停止视频讲解的录制。

（10）单击 完成 按钮保存视频并退出录制模式，或单击取消放弃录制的视频。

六、导入音频讲解

如果请专业的配音师配音，你可能不会使用 iSpring Suite 9 录音。iSpring Suite 9 为你提供了快捷地将外部音频导入演示文稿的方法。iSpring Suite 9 支持 wav、mp3、wma 格式的音频文件。这里推荐 wav 格式，因为它不会对音频进行有损压缩，因而可以提供更高质量的音频。无论是单声道/立体声，都建议你选择 44.1 kHz、16 位的参数进行取样。使用 32 位取样率录制的音频文件导入后，你听到的完全是啸叫声。

利用 iSpring 讲解编辑器导入外部音频讲解文件的操作步骤如下：

（1）在讲解编辑器左侧的幻灯片缩略图中选择要导入音频的幻灯片。

（2）单击工具栏的 音档 按钮，具体操作如图 3－19 所示。

（3）弹出标准的导入音频剪辑窗口，从中选择需要导入的音频文件。

（4）弹出如图 3－22 所示的汇入音频窗口，你可以从中选择一个可用的选项：

a）目前光标位置。音频文件从当前光标位置插入幻灯片中，但光标位置可能和幻灯片开始位置不一致，且音频和幻灯片的播放时长可能不同，可能出现声画不同步的现象。

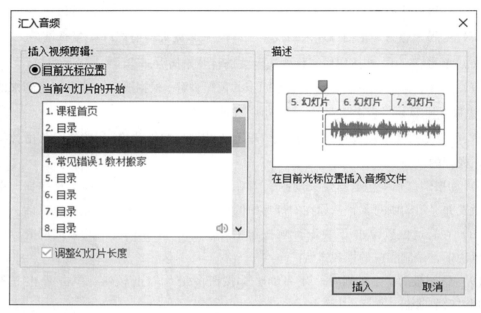

图3-22　目前光标位置导入音频效果示意

b）当前幻灯片的开始。由图3-23右侧可知，如果选择该选项和 调整幻灯片长度 复选框，音频文件会从当前选定的幻灯片开头位置插入，且和幻灯片播放时长相同。这是默认选项，这种方法可以快速导入多个由他人录制的音频讲解文件。

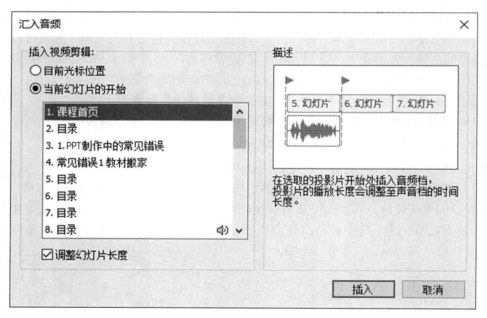

图3-23　目前幻灯片位置导入音频效果示意

（5）如果选择 目前幻灯片的开始 ，且反选 调整幻灯片长度 。从图3－24可知，这时音频虽然从幻灯片开始位置插入，但和幻灯片播放时长可能不同。如果你已经为整个演示文稿录制了音频文件，请选择该复选框。

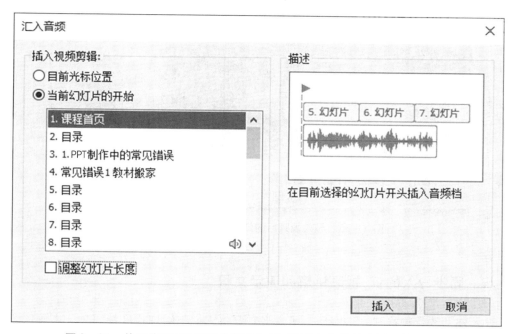

图3－24　从目前幻灯片开始位置导入且不调整幻灯片长度插入效果示意

（6）你也可以从左侧幻灯片列表中选择一个或多个要导入音频文件的幻灯片。这时，每个音频文件将从所选幻灯片开始依次添加到时间轴上。

（7）音频文件将按字母顺序导入并自动复制到演示文稿资源文件夹中。这样，即使你将演示文稿移动到另一台电脑上，这些插入的音频文件也不会丢失。

七、导入视频讲解

除了录制视频讲解，讲解编辑器还允许你导入他人录制的视频。如果你想同步专家录制的视频和幻灯片，该功能特别有用。iSpring Suite 9 支持 avi、wmv、mpg、mp4 和 mkv 格式的视频文件。在讲解编辑器中导入视频讲解的具体步骤如下：

（1）在左侧的幻灯片缩略图中单击选择需要导入外部视频讲解的幻灯片。

（2）单击工具栏的 视频 按钮。

（3）在弹出的汇入视频剪辑窗口中，选择一个或多个视频讲解文件。

（4）单击 打开 按钮，弹出汇入视频对话框。

（5）在汇入视频对话框中，从 目前光标位置 和 当前幻灯片的开始 这两个选项中进行选择。同时，对话框中的调整幻灯片长度选项与插入音频时的功能相同。

（6）单击 插入 按钮，将视频插入选定幻灯片所在时间轴上。同时，视频预览窗格会显示当前视频帧播放的视频，如图3-25所示。

（7）如果导入多个视频文件，从所选幻灯片开始，视频文件会依次添加到时间轴的视频轨道上，并按字母顺序导入后自动复制到演示文稿资源文件夹中。

图3-25　导入视频后的幻灯片和视频预览窗格

八、同步导入的音/视频讲解和演示文稿

导入外部的音频或视频讲解后，接下来需要将它们与幻灯片进行同步。声画同步是区别专业演示和普通演示文稿的细节之一，它可以避免动画和讲解不同步给读者带来的困扰。因此，花时间让动画和讲解尽可能完美同步是值得的。在大多数演示文稿中，动画需要在特定时刻与讲解同步运行，你要做的是让动画和讲解同步。因为你最终创建的是HTML5格式的演示文稿，所以不能用单击鼠标启动动画播放序列的方式创建动画，虽然你告诉演示文稿你打算在单击鼠标的时候启动动画。HTML5文档中的动画会作为演示文稿的一部分自动运行，你需要做的就是告诉它们何时运行。请按照以下步骤进行操作：

（1）在左侧的幻灯片缩略图中选择需要同步的幻灯片，操作如图3-26所示。

图3-26　讲解编辑器中的幻灯片缩略图

（2）确保光标放在时间轴上需要开始同步过程的幻灯片开始位置，光标与幻灯片的重叠位置，如图 3-27 所示。你可以通过 ←、→ 加以校准。

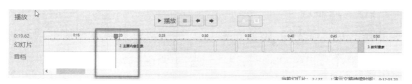

图 3-27　光标与幻灯片开始位置重叠示意

（3）单击工具栏上的 同步 按钮，这时幻灯片内容是空的，需要通过幻灯片计时或单击鼠标激发自定义动画。如图 3-28 左侧的空白幻灯片所示。

图 3-28　同步开始时的空白幻灯片

（4）这时，时间轴上将显示如图 3-29 所示的同步面板，之前标签为 播放 的按钮现在被 开始同步 按钮所替代。

图 3-29　同步面板

（5）你只想同步一张幻灯片，请选中 只处理当前幻灯片 复选框。

（6）单击 开始同步 按钮后幻灯片会立刻播放，同步 按钮会被 下一步动画 按钮所取代，时间轴上的竖直的直线条代表幻灯片中的自定义动画，如图 3-30 所示。

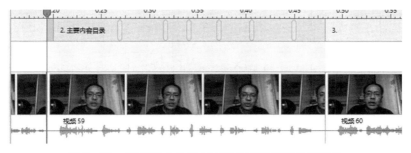

图 3-30　时间轴中代表自定义动画的竖直的直线条

（7）在讲解播放的同时，你只需在每个动画出现的时刻用鼠标单击 下一步动画 按钮，让动画和讲解同步播放。如果在录制过程中需要暂停，请单击 暂停 按钮。单击 继续同步 按钮会恢复同步进程。

（8）重复步骤（6）和步骤（7）的操作，直到结束当前幻灯片中动画的播放序列。

（9）当幻灯片中没有更多动画时， 下一步动画 按钮变为 停止 按钮。

（10）单击 停止 按钮，完成选定幻灯片中所有动画的声画同步设置。

（11）完成录制后，你可以在如图 3-31 所示的同步面板中单击 播放 （A）和 停止 （B）按钮，检查同步效果。

（12）单击 ← （C）或 → （D）箭头按钮，或单击讲解编辑器窗口左侧的 幻灯片缩略图 （E），继续在其他幻灯片中同步动画和音/视频讲解。

图 3-31　同步面板上的主要功能按钮

（13）如果觉得声画同步不够完美，你可以在时间轴面板中左右拖动表征自定义动画开始时刻的竖直的直线条。这时，光标会变为带有左右箭头的形状。将它拖放至与波形位置一致的合适位置后释放。具体如图 3-32 所示。

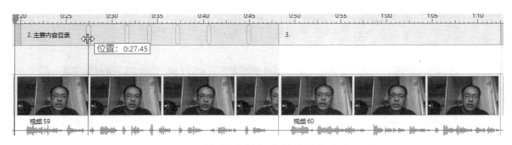

图 3-32　时间轴上的竖直的直线条拖曳示意

（14）利用同样的方法，微调幻灯片中其他自定义动画的声画同步。

（15）完成所有幻灯片的声画同步后，单击 完成 ，退出同步模式。

（16）单击 保存和关闭 退出 iSpring 讲解编辑器窗口，返回演示文稿编辑窗口。

九、预览演示文稿

如果想查看音频和视频讲解与演示文稿的同步情况，你需要一个能够预览包含所有动画和过渡效果的完整演示，具体操作步骤如下：

（1）在讲解编辑器的幻灯片缩略图中选择需要预览的幻灯片。

（2）单击工具栏上的 预览动画 按钮。

（3）在讲解编辑器的时间轴上将显示如图 3-33 所示的预览面板，其按钮含义和常见播放器的按钮类似。

图 3-33　预览面板

（4）单击 开始预览 按钮，演示文稿将从光标位置开始播放。取决于你的演示文稿中即将到来的对象， 开始预览 按钮将被替换为 下一张幻灯片 / 下一步动画 / 幻灯片过渡效果 按钮。

（5）如果停止演示文稿的预览，你可以在不离开预览模式的情况下，在下一节将要介绍的时间轴上执行以下操作：

a）调整幻灯片时间。

b）改变动画开始位置。

c）添加并移动音频和视频剪辑。

十、设置时间轴

时间轴是 iSpring 讲解编辑器的主要部分，它会显示幻灯片序列和插入的音频和视频讲解。你可以在这里缩放时间轴、向幻灯片添加音频或视频讲解、修改幻灯片和转场效果持续时间、调整音频或视频讲解和幻灯片对象的同步。

（一）缩放时间轴

iSpring 讲解编辑器在打开演示文稿时会自动缩放时间轴，以便在不出现滚动条的情况下容纳所有幻灯片，这个功能特别适合编辑操作。然而，为了使编辑效果更准确，有时候你可以局部缩放时间轴。

（1）要缩放时间轴，可选择以下任意一种方法：

a）在时间轴上或幻灯片预览窗口中上下滚动鼠标滑轮即可缩放时间轴。

b）左右拖动右下角缩放滑块可以快速调整缩放时间轴，如图 3-34 所示。

图 3-34　影音编辑器右下角的缩放滑块

c）单击右下角的加号按钮会放大时间轴，单击减号按钮会缩小时间轴。

（2）如图 3-35 所示，你可以通过以下方法缩放选定幻灯片或整个演示文稿：

a）先选择你要放大的幻灯片，再单击工具栏的 缩放目前幻灯片 按钮。

b）要缩小并显示整个演示文稿，请单击工具栏的 显示全部 按钮。

图 3-35　工具栏的缩放按钮

（二）调整幻灯片和切换动画时长

你可以通过移动幻灯片边界的方式调整幻灯片时长，具体操作步骤如下：

（1）要在时间轴上显示切换效果和动画对象，请在演示文稿中将相关幻灯片切换方式和自定义动画均设置为单击时触发。

（2）按照以下任意操作可调整幻灯片边框而不影响其他幻灯片播放时间：

a）左右拖曳幻灯片边缘可改变选定幻灯片的播放时长，但对其他幻灯片的播放时长没有影响，具体操作如图 3-36 所示。

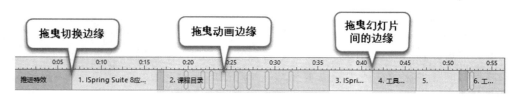

图 3-36　时间轴的幻灯片边缘拖曳示意

b）在时间轴上将光标移动到希望演示文稿切换到下一张幻灯片的位置，单击图 3-37 中箭头所指的 设定下一张幻灯片 按钮，下一张幻灯片会移动到光标位置并自动调整在它之前的那张幻灯片的播放时长，但不会改变其他幻灯片时长。

图 3 – 37　设定下一张幻灯片在播放面板中的位置示意

（3）如果你在移动幻灯片边缘时不想改变其他幻灯片边缘的位置，请按住键盘上的 Shift 键，再拖动幻灯片边缘。

（4）使用同样的方式调整幻灯片上的动画和切换效果的显示时长。

（5）你可以在如图 3 – 38 所示的 检视 菜单中，通过单击以下选项，设置要消隐的界面对象。

图 3 – 38　工具栏的检视菜单

a）选择 幻灯片小图标 复选框会在左侧显示幻灯片缩略图窗格。

b）选择 幻灯片备注 复选框会显示带有幻灯片注释的注释窗格。

c）选择 音轨 复选框会在时间轴上显示音轨。如果你不想在演示文稿中插入音频讲解，可以隐藏音轨，以便最大化可用屏幕空间。

d）选择 视频轨道 复选框会在时间轴上显示视频轨道。如果演示文稿中没有插入视频讲解，可以隐藏该轨道，以便最大化可用屏幕空间。

十一、删除或替换讲解剪辑

如果录制或导入的音频/视频讲解剪辑不符合要求，你可以参考以下步骤，在 iSpring 讲解编辑器中删除或替换这些剪辑：

（1）在时间轴上选择需要删除的音频或视频剪辑，具体如图 3 – 39 所示。

（2）如果要删除剪辑，请执行以下任意一种操作：

a）在键盘上按下 Delete 键。

b）单击工具栏的 删除 按钮。

c）鼠标右击需要删除的剪辑，再从弹出的快捷菜单中选择 删除 项。

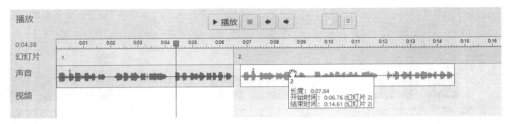

图3-39 时间轴上的被选中的音频或视频剪辑

如果想替换现有的音/视频剪辑，请参考以下步骤：

（1）在时间轴上右击需要替换的音频或视频剪辑，操作如图3-40所示。

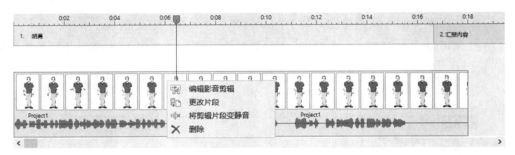

图3-40 右击音/视频剪辑后的快捷菜单

（2）在如图3-40所示的快捷菜单中选择 更改片段 选项。

（3）打开选择片段窗口，选择一个新的音/视频文件，用以替换掉原有音/视频文件。

第五节 在 iSpring 影音编辑器中编辑音频和视频

很少有人一次就能录制出近乎完美的音频或视频讲解。iSpring Suite 9 内置了一个简单实用的影音编辑器，允许你直接修复讲解中的瑕疵，让你在常规录音基础上就能制作出媲美专业录音棚里录制的音频。要编辑音频或视频讲解，幻灯片中需要包含有录制或导入的音频或视频讲解。音频讲解会打开音频编辑器，视频讲解则会打开视频编辑器。

一、启动音频或视频编辑器

（1）在 iSpring 讲解编辑器窗口的时间轴上，选择需要编辑的音/视频。

（2）在如图3-41所示的工具栏中单击 编辑剪辑 按钮，启动影音编辑器。

图 3-41　编辑剪辑按钮在工具栏的位置

二、缩放波形

为了使编辑效果更准确，编辑器提供了以下缩放波形的方法：
（1）最容易的方法是在波形区域上下滚动鼠标滑轮缩放波形。
（2）拖动右下角的缩放滑块，向左缩小波形，向右放大波形，具体如图 3-42 所示。

图 3-42　编辑器右下角的缩放滑块

（3）单击工具栏的 显示全部 按钮，会返回整个波形，如图 3-43 所示。

图 3-43　编辑器顶端的"显示全部"按钮

如果要局部放大波形片段，请参考以下操作：
（1）用鼠标选择需要放大的波形区域，如图 3-44 所示。

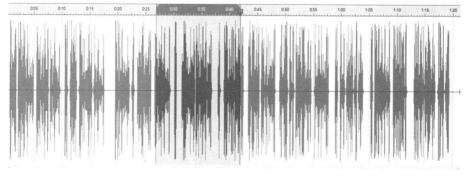

图 3-44　编辑器中的波形区域选择示意

(2) 请用以下任意方法缩放所选择的波形区域：

a) 如图 3-45 所示，单击工具栏的 缩放选择范围 按钮，所选波形填满整个屏幕。

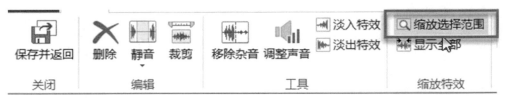

图 3-45　波形编辑器中的缩放选择范围按钮

b) 如图 3-46 所示，右击所选择的波形片段，再在快捷菜单中选择 缩放选择范围 。

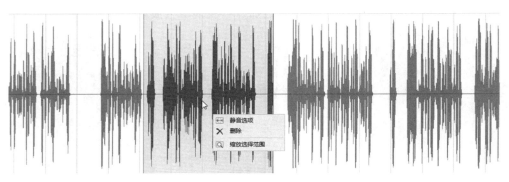

图 3-46　波形剪辑的右键快捷菜单

三、预览音/视频剪辑

要预览全部或部分音频/视频剪辑，可选择以下任意一种方法进行操作：

（1）如图 3-47 所示，单击编辑器窗口底部的 播放 和 停止 按钮，预览整个剪辑。

图 3-47　剪辑编辑器底端的播放控制按钮

（2）如果只想试听部分音频，请先选择这部分波形，再单击 播放 按钮。

四、为剪辑或剪辑片段设置静音

借助以下步骤，你可以为音频或视频剪辑插入必要的静音区域：
（1）选择时间轴上音频或视频剪辑中要设置静音的区域，如图 3-48 所示。
（2）单击工具栏上的 静音 按钮，使选定的音/视频剪辑静音。

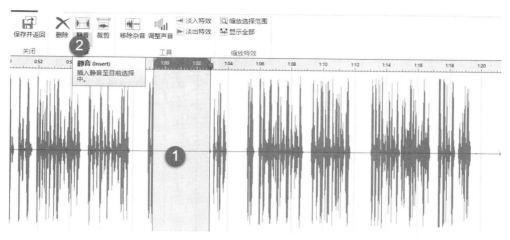

图 3-48 音/视频剪辑片段的静音操作示意

五、设置淡入、淡出效果

如果需要为演示文稿创建平滑的音频切换序列，你可以使用淡入和淡出选项，在音频/视频轨道之间创建自然的音频转场效果。要设置淡入、淡出效果，请按照以下步骤操作：

（1）选择你希望添加淡入淡出效果的音/视频轨迹片段，如图 3-49 所示。

（2）单击工具栏上的 淡入特效 或 淡出特效 按钮。

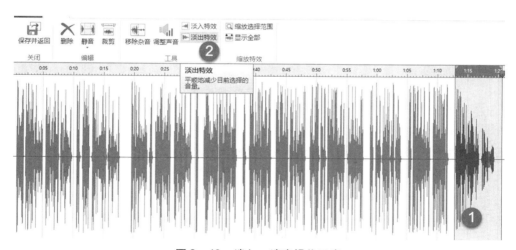

图 3-49 淡入、淡出操作示意

六、裁剪音/视频

录音时通常需要在每张幻灯片首尾处留下一两秒静音。如果这部分不够自然，你可以再将它们裁剪掉，具体操作步骤如下：

（1）在编辑器波形窗口中通过拖放鼠标，选择需要保留的那一部分波形。

（2）选择 修剪 按钮，删除选定区域外的全部音频/视频，如图 3-50 所示。

图 3-50　波形编辑器的裁剪示意

七、移除杂音

你还可以利用以下步骤，移除音频/视频剪辑中存在的背景噪声：

（1）选择时间轴上的纯噪声部分。

（2）单击工具栏上的 去除噪音 下拉按钮，如图 3-51 所示。

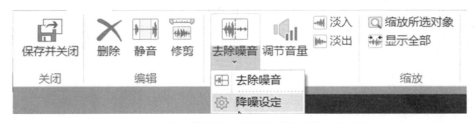

图 3-51　影音编辑器工具栏的"去除噪音"菜单

(3) 单击 降噪设定 菜单项,弹出如图 3－52 所示的降噪设定窗口。

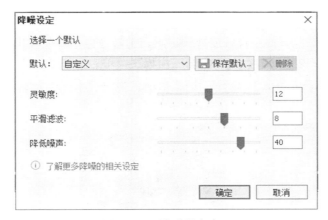

图 3－52　降噪设定窗口

(4) 设置好后,单击 确定 按钮,关闭降噪设定窗口。

(5) 单击图 3－51 中的 去除杂音 按钮,确认并移除不需要的杂音。

八、调整音量

如果有必要,你可以按照以下步骤,调整音频或视频片段音量:
(1) 选择音频或视频中要调整音量的片段。
(2) 单击工具栏上的 调节音量 按钮,弹出如图 3－53 所示的"调整音频"窗口。
(3) 左右拖动音量滑块,其中向左减少剪辑音量,向右增加剪辑音量。
(4) 单击 播放 按钮检查音量,然后再左右调整滑块至合适位置停留。
(5) 单击 确定 按钮,关闭"调整音频"窗口。

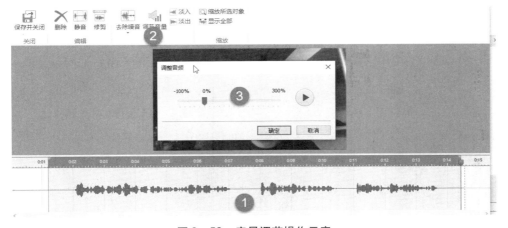

图 3－53　音量调节操作示意

九、输出音频和视频

如果准备在其他地方使用音频或视频讲解,请参考以下步骤导出文件副本:
(1) 单击音频/视频编辑器左上角的应用程序菜单,操作如图 3-54 所示。
(2) 在弹出的下拉菜单中选择 导出 菜单项,弹出导出文件对话框。

图 3-54 音/视频编辑器的导出菜单

(3) 在导出对话框选择保存讲解的位置。
(4) 单击 保存 按钮,完成讲解的导出。

第六节 小 结

本章介绍了如何直接在 iSpring Suite 9 中录制音频和视频讲解,包括录音前的准备工作和常见录制技巧、麦克风的设置、演示文稿同步音频和视频讲解的录制,讲解编辑器中音频和视频讲解的录制、导入和同步操作,以及在影音编辑器中编辑音频和视频讲解的具体方法。

第四章　设置播放器属性

虽然播放器属性的设置可以随时进行，但这些步骤最好在创建演示文稿后进行。iSpring Suite 9 中的播放器实际上是演示文稿的皮肤，它可以提供演示者信息、可点击菜单、查询栏、附属资源按钮和播放控制按钮等信息。在 iSpring Suite 9 中创建演示文稿的目的是将它作为在线培训课程的一部分，给课程添加额外信息和把控制权更多地让渡给学习者。此外，播放器还为你提供了一种在不占据真正有价值的幻灯片内容前提下，于课程中添加机构标志、演示者信息和支持文档的方法。

iSpring Suite 9 提供了 2 种播放器类型。一是可与任何内容完美配合的自适应通用播放器，二是可以整合演示幻灯片与教师头部特写的视频讲座播放器。你可以根据组织风格或者课程主题，自定义播放器外观、播放器颜色和导航按钮等。此外，iSpring Suite 9 还提供了只显示幻灯片内容，但不提供任何播放控制的一类播放器。此选项适用于幻灯片上有导航按钮或者你想让学习者专注于内容的情形。这类播放器操作和前两类相似，本书不再赘述。本章主要介绍如何自定义通用播放器和视频讲座播放器。

第一节　设置自适应通用播放器

自适应通用播放器是一款具有多种高级功能，可以高度定制的播放器。它支持自定义播放器的模板、布局、顶部横条、底部栏、大纲栏、播放和导览、颜色和文字标签等属性。

一、启动通用播放器和自定义版面配置

你可以在发布演示文稿之前，按照以下步骤打开通用播放器：

（1）在菜单栏中选择 iSpring Suite 9 → 播放器 ，打开如图 4-1 所示的自定义播放器窗口。

（2）选择 选择播放器 → Universal 通用菜单项，进入通用播放器设置窗口。

图 4-1　自定义播放器窗口

（3）在工具栏单击版面配置按钮，弹出如图 4-2 所示的版面配置窗口。

图 4-2　播放器版面配置窗口

版面配置窗格允许你通过顶部横条、侧栏、底栏这三个位置设置播放器的版面布局：

a）如果选择顶部横条，会在通用播放器中显示配置组织标志的按钮。

b) 如果选择 侧栏 ，会在通用播放器中显示侧栏。侧栏默认出现在演示文稿右侧。你可以在 位置 下拉菜单中的 在右边 或 在左边 菜单项中进行选择，调整它的显示位置。

c) 如果选择 底栏 ，会在播放器的底端显示导航控件。

你可以在版面配置窗口的 界面 窗格，通过设置以下属性来调整它的布局：

（1）大纲。用于设置大纲面板位置。大纲默认出现在侧栏。如果发布的课程通过弹出窗口显示大纲，可以将调用大纲的对象放置在顶部横条或底栏。

（2）备注。此下拉列表允许你选择放置幻灯片备注的位置。你可以选择 在侧栏（页签） 或 靠顶部栏（弹出窗口） ，让幻灯片备注显示在弹出窗口的顶部横条上。你还可以通过选择底栏（CC 样式），用隐藏式字幕（CC）样式显示幻灯片备注信息。

（3）演示者视频。用于启用侧栏上的视频窗格。如果选择 无 ，即使演示文稿中包含演示者的视频讲解，也无法显示这些内容。

（4）演示者信息。此下拉列表允许你设置显示演示者信息的位置。

（5）公司标志。如果在该下拉列表选择 显示 ，你可以添加公司或组织的标志。

二、管理通用播放器模板

通用播放机内置了一组现成标准模板。你可以在此基础上，参考以下介绍，通过添加元素、自定义颜色、修改文字标签和消息的方式自定义播放器模板。

（1）浏览模板。单击播放器窗口工具栏的 模板 按钮，会自动打开模板窗格。iSpring Suite 9 内置了仅内容、企业训练、全部、品牌课程、商业演示文稿、带视频的在线讲座、简单课程和演示文稿这 8 种标准模板。当你在左侧模板窗格中选择任意一个模板时，窗口右侧会实时呈现所选模板的显示效果。

（2）选择模板。如果想使用特定模板发布课程，只需在模板列表中选择该模板，再单击工具栏的 应用与关闭 按钮。如果关闭自定义播放器窗口，任何未保存的改变都会丢失。

（3）恢复改变。任何修改过的模板都会添加如图 4-3 所示的还原标记。如果要返回之前的模板设置，请单击当前模板名称右侧的还原图标。

（4）保存模板。如果想使用新名称保存现有模板的副本，请单击 保存 按钮。

（5）删除模板。如果要删除保存的自定义播放器模板，请先从列表中选择该模板，再单击 删除 按钮。你可以删除自定义模板，但不能删除内置播放器模板。

（6）重命名模板。要修改自定义模板的名称，请双击列表中的名称或按 F2 键，然后输入一个新名称，再按 Enter 确认。如果你不想改变，请按 Esc 键。

图 4-3 模板播放器上的删除按钮

（7）导入播放器模板。如果想导入电脑中已有的播放器模板，请单击 汇入/导出 下拉按钮，然后在电脑中选择所需模板文件，然后单击 打开 按钮，将模板导入自定义模板列表中。

（8）导出播放器模板。如果想导出播放器模板，请在列表中选择该模板后，单击 汇入/导出 按钮，再在弹出的下拉列表中选择导出模板，然后在弹出的窗口中输入模板文件名。

（一）自定义顶部横条

你可以通过添加与设置课程相关的按钮，自定义顶部横条，具体操作如下：

（1）在工具栏单击 顶部横条 按钮，弹出如图 4-4 所示的顶部横条设置窗口。

图 4-4 播放器的顶部横条设置窗口

（2）如果你在版面配置中禁用了顶部横条，你可以单击图 4-5 的 开启他 链接启用它。

图 4-5 启用顶栏的操作示意

（3）如果选择 幻灯片标题 复选框，你可以为课程输入新名称。

（4）你可以选择以下复选框，启用顶部横条的以下按钮：

a）如果选择 标注工具，标注菜单中会出现一支笔、一个标记和一个橡皮擦，用于突出显示演示或删除文档中的某些知识点。

b）如果选择 演示者信息，会显示演示者信息。

c）如果选择 备注，会显示幻灯片备注信息。

d）如果选择 大纲，会显示演示文稿中的所有幻灯片列表。

e）如果选择 资源，会显示添加到演示文稿中的所有附件和链接。

（5）若要改变某个按钮的显示顺序，先选择该按钮，再单击右侧的 ↑ 和 ↓ 箭头。

（二）自定义底栏

请按照以下步骤自定义底栏：

（1）单击播放器工具栏的 底栏 按钮，弹出如图 4-6 所示的底栏窗格。

图 4-6 播放器的底栏窗格

根据需要，在时间轴窗格设置通用播放器的以下导航选项：

a）如果选择 启用时间轴 ，会在播放器中添加时间轴，用于显示诸如进度指示器、幻灯片数量和演示持续时间等信息。

b）如果选择 允许拖曳时间轴 ，学习者可以通过拖曳时间轴上的滑块来导航演示文稿。否则，时间轴只能用作进度条，学习者将无法移动滑块。

c）如果选择 显示时间轴标注 ，可以显示幻灯片数量和播放时间。

（2）时间轴模式下拉菜单提供了两个配置播放器时间轴的选项：

a）如果选择 幻灯片进度 ，时间轴将显示当前幻灯片的播放进度。

b）如果选择 演示文稿进度 ，时间轴将显示演示文稿中所有幻灯片的播放进度。

（3）在控制组件窗格，你可以根据需要选择以下复选框：

a）播放/暂停按钮，默认处于选中状态，用于在底栏显示播放/暂停按钮。

b）重新播放按钮，选择该选项会在底栏中显示重放按钮。

c）上一页按钮，如果选择该选项，底栏中会显示上一页导航按钮。

d）下一页按钮，如果选择该选项，底栏中会显示下一页导航按钮。

e）音量控制，如果选择此复选框，会将音量控制按钮添加到底栏。

f）全屏按钮，选择该选项会在底栏添加全屏按钮，可在全屏/标准显示之间切换。

（三）调整大纲的外观

大纲实际上是幻灯片名称列表，它可以显示幻灯片缩略图和搜索表单。

（1）要调整大纲外观，请单击播放器工具栏的大纲，显示如图4-7所示的大纲窗格。

图4-7 自定义播放器中的大纲窗格

（2）根据需要，在弹出的大纲窗格中，通过对以下选项的设置，调整大纲的属性：

a）如果选择 启用搜索 ，可将针对幻灯片标题、内容和幻灯片备注的搜索内容添加到输出的演示文稿的文本搜索列表中。

b）如果选择 显示幻灯片缩略图 ，会在幻灯片列表中添加幻灯片缩略图。

c）如果选择 显示幻灯片编号 ，会启用列表幻灯片的自动编号。

d）如果选择 标示已看过的幻灯片，会突出显示学习者已经浏览过的幻灯片。该选项适用于使用导航受限场景的课程。

e）如果选择 多层次大纲，大纲会以树形方式显示幻灯片之间的嵌套结构。这个功能不会影响演示文稿的播放，但会让导航变得更加容易。

三、自定义配色方案

通用播放器带有多种预设配色方案，你可以从颜色方案下拉菜单中进行选择，你也可以自定义所有对象的颜色，让它的外观与所在组织或演示文稿颜色匹配。

要自定义播放器颜色，请单击工具栏的 颜色 按钮，弹出如图4-8所示的配色窗口。

图4-8　播放器的颜色配置窗口

要改变通用播放器中任何对象的颜色，请执行以下操作：

（1）在图4-8中选择要改变颜色的对象右侧的 颜色 按钮，弹出如图4-9所示的选择颜色窗口。

（2）从中选择需要的颜色。你也可以直接在R、G、B字段中输入颜色的15进制数值。

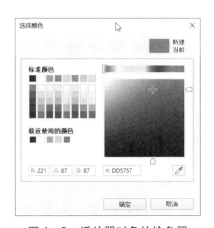

图4-9　播放器对象的拾色器

（3）当你选择一种颜色时，右上角的预览窗格将显示当前颜色和新颜色。

（4）若要还原颜色，请在图4-9中的 最近使用的颜色 窗格中单击该颜色，或单击 取消 按钮。

（5）设置好颜色后，单击 确定 按钮。

（6）如果其他对象的颜色是你所需要的，你可以将其他对象所对应的颜色框拖至要改变颜色对象的颜色框中，把颜色复制到目标对象上。

（7）如果配色方案符合你的要求，你可以单击图4-8中的 另存为 按钮，再在对话框中为配色方案输入新名称，然后单击 保存 按钮进行保存。你的配色方案将显示在配色方案下拉菜单中。

要删除配色方案，请从颜色方案下拉菜单中选择该颜色方案，单击 删除 按钮，单击 是 确认删除。

四、改变播放器的文字和标签

iSpring Suite 9 允许你自定义通用播放器上的信息栏和控制按钮上的默认文字，甚至切换到另一种语言。请参考以下步骤编辑通用播放器的文字标签：

（1）单击工具栏上的 文本标签 按钮，弹出如图4-10所示的文本卷标设置窗口。

图4-10　文本卷标设置窗口

（2）在 信息类型 列中依次找到需要修改的文本标签，再输入新的文本，或者切换到上次保存的文本标签集合。

（3）如果要切换文字语言或保存自定义文本标签，请在 预设 下拉菜单中选择一个语言标签集合。iSpring Suite 9 为文本标签内嵌了多种语言。

（4）若需快速找到要改变的消息，请使用中间的 寻找 字段。

（5）如果单击预设右侧的 保存 按钮，iSpring Suite 9 会弹出一个提示框，提示你保存自定义的播放器标签文本设置内容。

（6）输入合适名称后，单击 确定 按钮加以保存。

五、自定义播放和导览

（1）若要自定义通用播放器的导览设置，请在图 4-10 中单击菜单栏的 播放和导览 按钮。

（2）单击继续播放窗格的 当重新开启时 下拉菜单，设置重新打开课程时的回放选项。你可以从下拉菜单中选择下面的任意选项：

a）如果选择 提示继续 ，当重新打开演示文稿时，学习者可以从两个选项中进行选择：从一开始就继续上一个对话或播放演示文稿。

b）如果选择 永远继续上次观看的位置 ，演示文稿总是从中断播放的位置恢复播放。

c）如果选择 总是重新开始 ，演示文稿总是从头开始播放。

（3）单击 导航类型 下拉菜单，弹出如图 4-11 所示的导览类型方式，从中选择一个选项：

a）如果选择 自由形式 ，学习者可以不受限制地自由导览，这是默认的导览方式。若要限制学习者导航，你可以从以下两个选项中进行选择：

b）如果选择 有限制的 ，学习者只能前进到下一张幻灯片，并返回已经查看的幻灯片。

c）如果选择 只能前进 ，学习者在查看当前幻灯片后只能前进到下一张幻灯片。

图 4-11　自定义播放器中的播放导览设置窗格

（4）如果选择 自定义控制键… ，会弹出和自定义控制键对话框。如果你想使用键盘控制演示文稿的播放，请选中 启用键盘导航 复选框，设置控制 HTML5 演示文稿播放的键盘按键或组合键。你最多可以为每个操作设置三个按键。你也可以从文件中导入一组快捷键。

（5）在其他窗格，请根据需要，决定是否进行以下两项的设置：

a）如果选择 |自动播放演示文稿|，HTML5 演示文稿会在加载第一张幻灯片后立即开始自动播放。

b）如果选择 |保存幻灯片动画状态|，学习者再次访问幻灯片时，原有的动画幻灯片的状态仍会保持。该选项适用于触发器动画、鼠标单击时显示的项目符号等。

第二节　自定义视频讲座播放器

视频讲座播放器能够便捷地整合幻灯片与教师头部特写视频或讲座视频，为学习者提供一种方便地观看讲座视频的方式，并使教学的传递更加有效。

一、选择视频讲座播放器

如果想在演示文稿中利用视频讲座播放器发布课程，请参考以下步骤：

（1）在演示文稿的菜单栏中选择 |iSpring Suite 9|→|播放器|。

（2）弹出如图 4-1 所示自定义播放器窗口，单击工具栏的 |选择播放器| 下拉按钮。

（3）在弹出的播放器下拉菜单，选择 |Video Lecture| 菜单项。

（4）弹出视频讲座播放器窗格，它包含一般、标题面板和导航面板 3 个面板，如图 4-12 所示。你可以根据需要选择一个播放器布局，再单击 |应用 & 关闭| 保存修改。

（5）无论你选择哪种布局，都可以随时单击 |概观| 按钮，在如图 4-12 所示的视频讲座布局面板中，左右拖动幻灯片边缘的任意位置，改变幻灯片和视频的显示比例。

（6）发布的课程在运行时，会在选定的视频讲座播放器中显示。如果你在幻灯片属性中将幻灯片的前进方式设置为 |自动前进幻灯片|，幻灯片播放时将自动切换。

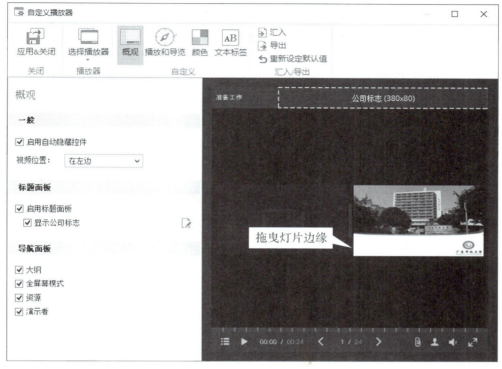

图 4-12 视频讲座布局面板及其显示比例调整示意

二、设置版面布局

要设置视频讲座播放器的版面布局，请参考以下步骤进行操作：

（1）在如图 4-12 所示的视频讲座自定义播放器窗口中，单击工具栏上的 概观 按钮。

（2）在一般窗格中，如果选择 启用自动隐藏控件，顶部栏和底部栏将自动隐藏。

（3）在 视频位置 下拉菜单中选择视频出现在播放器的位置：在左边 或 在右边。

（4）根据需要，对标题面板窗格进行以下选项的设置：

a）若选择 启用标题面板，会显示顶部面板及其上的所有信息（标题栏和公司标志）。

b）若选择 显示公司标志，会在顶部面板中显示公司标志。

（5）根据需要，在导航面板窗格中进行以下选项的设置。

a）若选择 大纲，会启用位于播放器底部的大纲按钮。

b）若选择 全屏幕模式，可将全屏按钮添加到底栏中。

c）若选择 资源，会列出添加到演示文稿的所有附件和链接。

d）若选择 演示者 ，演示文稿中将显示有关演示者的信息。

视频讲座播放器的其他属性设置方法和通用播放器一样，这里不再赘述。

三、自定义公司标志

要自定义公司标志，请按照以下步骤操作：

（1）要显示顶部横条及其对应标题和公司标志，请选择 启用标题面板 。

（2）要添加公司标志，确保选中 显示公司标志 。

（3）单击预览中右侧的 公司标志 ，打开演示者窗口。

（4）通过单击演示者窗口中的 浏览... 按钮，选择作为标志的图片。

（5）单击 确定 按钮，将标志添加到顶部面板。

第三节 小　　结

本章介绍了在 iSpring Suite 9 中为演示文稿设置播放器的方法。本章首先介绍了如何配置通用播放器，包括如何选择播放器模板、如何自定义通用播放器按钮、如何自定义播放器配色方案、如何改变播放器的文字和标签、如何设置播放器的播放和导览方式；然后介绍了如何选择自定义视频讲座播放器，包括如何设置视频讲座的自动播放、视频讲座播放器的版面布局、视频讲座播放器的播放和导览及自定义公司标志等操作。

经过本章的学习，你应该已经对如何设置课程外观有了较为深入的了解，下一章将介绍如何在 iSpring Suite 9 中设置演示文稿的属性。

第五章　管理演示文稿

演示文稿 iSpring Suite 菜单的演示文稿窗格中，提供了幻灯片属性、演示文稿资源和播放器这 3 个按钮，用于管理演示文稿结构和其他资源。其中，播放器按钮用于自定义播放器外观和播放设置，相关内容已在第四章介绍过。演示文稿资源按钮用于管理对学习者学习有意义的各种参考资料，相关内容将在后续章节中介绍。幻灯片属性按钮主要用于设置幻灯片属性和添加测验、互动模块和模拟情境对话等学习材料。本章主要介绍如何利用幻灯片属性按钮管理演示文稿属性、添加参考资料。

第一节　管理幻灯片属性

幻灯片属性窗口由一系列图表选项组成，iSpring Suite 9 允许你通过它设置每张幻灯片的以下属性：编辑幻灯片标题、放大幻灯片缩略图、隐藏幻灯片、设置幻灯片前进条件、组织演示文稿、设置幻灯片持续时间、锁定播放控制按钮、分配演示者、控制播放器布局、自定义播放列表、整理幻灯片分支、添加学习材料等。

一、编辑幻灯片标题

幻灯片标题会显示在发布后的课程播放器的大纲栏中，如图 5-1 所示。默认情况下，大纲幻灯片标题会利用对应幻灯片标题填充。

你可以参考以下方法修改幻灯片标题。

（1）在演示文稿菜单栏中选择 iSpring Suite 9 → 幻灯片属性，打开如图 5-2 所示的幻灯片属性窗口。

（2）属性窗口第 1 列是幻灯片标题及其缩略图。将鼠标悬停在任意幻灯片缩略图上，缩略图会自动放大。你可以通过这种方式快速了解幻灯片中包含的对象和内容。

（3）选择要编辑标题的幻灯片，在键盘上按下 F2 键，或直接单击幻灯片标题列。

（4）在标题列中输入一个新标题，然后按下 Enter 键。

（5）单击 保存与关闭 按钮，确认幻灯片标题的修改。

注意：即使你修改演示文稿中的幻灯片标题，也不会影响该操作结果。发布后的课程大纲会显示你在这里设置的幻灯片标题。

图 5-1　幻灯片标题在发布的课程中的位置示意

图 5-2　幻灯片属性窗口

二、隐藏幻灯片

如果你想隐藏发布后课程的某些幻灯片，可以使用以下任意方法。

（1）在图 5-2 所示的幻灯片属性窗口中选择一张或多张需要隐藏的幻灯片。

（2）双击 幻灯片缩略图 （A），为选定的单张幻灯片添加隐藏标记；单击工具栏的 隐藏幻灯片 按钮（B），隐藏选定的一张或多张幻灯片。

隐藏的幻灯片会变暗，对应的缩略图上会显示隐藏标签，且不会出现在发布后的课程播放器大纲列表中，播放时会自动跳过，学习者可以通过其他幻灯片的超链接或按钮访问隐藏的幻灯片。

（3）完成设置后，你可以单击工具栏的 保存 & 关闭 按钮，关闭幻灯片属性窗口。

三、设置幻灯片前进条件

默认情况下，只有当学习者单击发布后的课程页面中的下一页按钮后，幻灯片才会前进到下一页。你可以在幻灯片属性窗口中，参考以下操作，设置在预设时间后和/或单击鼠标后让课程自动前进到下一张幻灯片的条件，从而控制课程进度。

（1） 在演示文稿菜单栏中选择 iSpring Suite 9 → 幻灯片属性。

（2） 在打开的幻灯片属性窗口中，选择需要修改前进方式的幻灯片：

a） 如果要选择所有幻灯片，请在幻灯片属性窗口中按下 Ctrl + A 组合键。

b） 要改变一系列连续幻灯片的前进条件，先选择该系列的第一张幻灯片，再按下 Shift 键，然后单击该系列的最后一张。

c） 要选择多张不连续的幻灯片，请先选择第一张幻灯片，再按下 Ctrl 键，单击其他幻灯片。

（3） 单击工具栏的 点击时 或/和 自动 图标（A）。此外，你可以通过单击幻灯片对应前进列的 点击时 或 自动 按钮。

（4） 根据需要，参考图 5-3，在幻灯片属性窗口中设置幻灯片的前进条件。

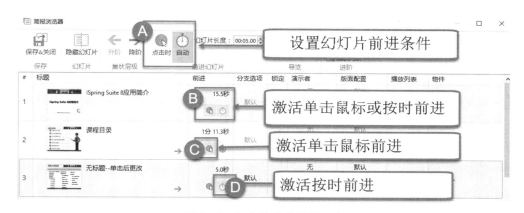

图 5-3 幻灯片前进设置示意

a） 如果要让幻灯片自动前进，请选中 自动（D），同时反选 点击时。这样，幻灯片在持续播放设置时间段后，会自动前进到下一张幻灯片。

b） 要让幻灯片在单击后前进，请选择 点击时（C）。这时，幻灯片播放完会暂停，直到单击下一页按钮或触碰屏幕时才会前进到下一张幻灯片。这是幻灯片默认的前进方式。

c） 如果同时选中 自动 和 点击时（B），课程播放时会按照分配的时间自动前进；若还未到设置时间，学习者可以通过单击鼠标或触碰屏幕前进。

d） 如果反选 自动（D）和 点击时（C），指定幻灯片不会自动前进。你只能使用该幻灯片上的链接、播放器上的导航按钮或控制键让幻灯片前进。

（5） 在设置幻灯片的前进条件时，幻灯片属性工具栏上的前进幻灯片条件按钮（A）会实时高亮显示你选择的前进条件。

（6） 单击工具栏的 保存与关闭 按钮，保存设置。

注意：每张幻灯片的持续时间受它的音频、视频和/或动画影响。没有包含音频、视频或动画的幻灯片默认显示时间可以在 iSpring Suite 9 中进行设置。

四、组织演示文稿结构

你可以通过调整幻灯片的嵌套级别组织多级导航菜单来控制菜单外观和项目运行。
（1）在幻灯片属性窗口中选择任意一张需要调整菜单层级的幻灯片。
（2）单击 降级 按钮增加缩进层级，单击 升级 按钮减少缩进层级，如图 5-4 所示。

图 5-4　幻灯片的层级嵌套操作示意

（3）你可以直接单击幻灯片右侧的 ←、→ 增加和减少嵌套水平。若箭头未激活，则无法执行此操作（如第一张幻灯片级别永远为1）。每次将幻灯片移动到下一级别时，可用级别会增加。例如，将所有幻灯片都分配到顶级①时，你只能添加一个嵌套级别②。

（4）将幻灯片移动到级别 2 后，后续幻灯片可以移动到级别 2 或级别 3，依此类推。演示文稿的最大嵌套深度可达 8 级。你可以使用幻灯片左侧的 − 和 + 按钮折叠和展开嵌套的幻灯片。

（5）如图 5-5 所示，发布后的课程大纲窗格中，任何包含子菜单的菜单下面都有一个小三角形。你可以通过单击它折叠和展开层级菜单。

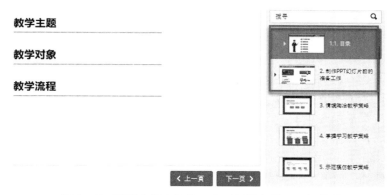

图 5-5 课程大纲窗格的三角形折叠和展开层级菜单

五、设置幻灯片持续时间

如果希望课程自动播放，请参考以下步骤，设置一张或多张幻灯片的持续播放时间：

（1）在演示文稿菜单栏中选择 iSpring Suite 9 → 幻灯片属性 。

（2）选择一张幻灯片。要选择多张幻灯片，请在单击所需幻灯片时按住 Ctrl 键或 Shift 建。

（3）如果要同时设置多张幻灯片持续时间，请在工具栏的 幻灯片长度 字段口，为选定幻灯片设置播放时长（A）。如果只选择了一张幻灯片，你可以在 前进 列对应的前进单元格中（B）中的幻灯片持续时间字段中，设置幻灯片长度。具体如图 5-6 所示。

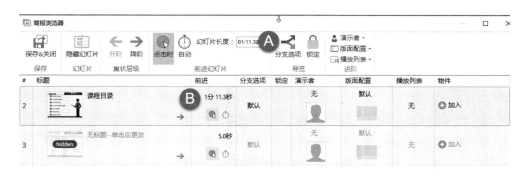

图 5-6 幻灯片持续时长设置示意

此外，你也可以在演示文稿中，通过幻灯片排列计时的方式设置幻灯片的播放持续时间。相关知识请参见演示文稿制作的相关书籍。

六、锁定播放控制按钮

有时候,为了防止学习者过快地跳转到其他幻灯片,你需要锁定某些幻灯片的播放控制按钮。这样,学习者不能通过单击播放控制按钮或者大纲栏的幻灯片标题前进到其他幻灯片。你需要提供一个或多个跳转到其他幻灯片的超级链接,或者将幻灯片的前进条件设置为自动,以便学习者从锁定幻灯片跳转到其他幻灯片。锁定幻灯片中的大纲、缩略图、时间轴、上一页/下一页按钮和重播区域的导航按钮将禁用。

要锁定或解锁幻灯片,请在如图5-7所示的幻灯片属性窗口中执行以下任意操作:

(1) 将鼠标移动至需要锁定的幻灯片右侧对应的锁定列单元格,会出现锁定按钮,单击该 锁定 按钮,锁定该幻灯片 (A)。

(2) 要锁定课程中的所有幻灯片,按下 Ctrl + A 键选择所有幻灯片,再单击顶端分支选项按钮旁的 锁定 按钮 (B),锁定所有幻灯片。

(3) 要锁定一组连续幻灯片,先选择该系列的第一张幻灯片,再按下 Shift 键,然后单击该系列最后一张幻灯片,最后单击工具栏的 锁定 按钮 (B)。

(4) 要锁定不相邻的多张幻灯片,先选择第一张幻灯片,然后按下 Ctrl 键,再分别单击其他需要锁定的幻灯片,最后单击顶端工具栏的 锁定 按钮 (B)。

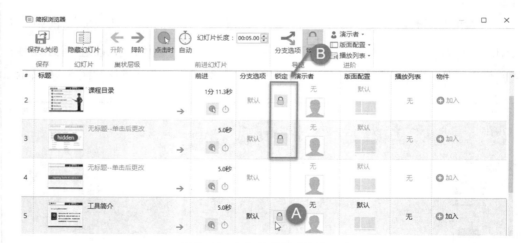

图 5-7 幻灯片的锁定操作示意

此时发布后的课程播放器中,将鼠标指针放在大纲或导航按钮上时,会看到幻灯片上面的锁定按钮,同时学习者无法移动到锁定的幻灯片外。当然,学习者可以单击或自动导航到其他幻灯片。要完全限制学习者导航,请在前进条件属性中禁用自动或单击导航。

七、控制播放器版面布局

iSpring Suite 9 为你提供了以下四种布局方式，供你为每张幻灯片单独设置布局：
（1）在如图 5-8 所示的幻灯片属性窗口中选择一张幻灯片。
（2）从工具栏的 版面配置 下拉菜单中选择一个布局（A）。或者双击要配置布局的幻灯片的布局按钮，然后从下拉菜单中选择以下任意一种布局（B）：

a）默认。该布局方式会在播放器左侧显示幻灯片内容，右侧显示幻灯片大纲，底部显示幻灯片播放控制按钮。
b）全部。这是默认布局。它和选择默认布局的效果相同。
c）没有侧边栏。播放器中只显示幻灯片，底部没有控制按钮，右侧没有侧栏，也没有大纲列表供学习者导航，即使课程中插入了视频讲解也不会显示。
d）最大化视频。该布局方式下的课程播放时，左侧显示放大的视频讲座，右上端显示幻灯片缩略图，且包含一个切换按钮，单击它可以切换幻灯片和视频讲座内容的显示。

（3）如果要改变多张幻灯片的版面布局，请先选择这些幻灯片，再从工具栏上的版面配置下拉菜单中选择相应布局方式（A）。

图 5-8　幻灯片版面配置设置示意

八、配置视频讲座播放器外观

要配置学习者首次打开课程时的视频讲座播放器外观，请执行以下操作：
（1）在演示文稿菜单栏中选择 iSpring Suite 9 → 幻灯片属性 ，打开幻灯片属性窗口。
（2）在幻灯片属性窗口中，单击需要配置板面布局的幻灯片的 版面配置 下拉菜单。
a）如果选择 默认 ，会使用视频演示播放器的默认布局设置。这时，视频讲座播放器将按照 1∶1 的比例布局视频讲解和幻灯片内容，如图 5-9 所示。

图 5-9　1∶1 的视频讲座和幻灯片内容布局示意

b）如果选择 没有侧边栏，发布的课程将在右侧显示完整幻灯片，左侧为缩小视频。当然，你可以将鼠标放置在视频讲座和幻灯片中间左右拖曳，动态调整两者的显示比例。图 5-10 即为一个动态调整幻灯片和视频讲座的例子。

图 5-10　视频讲座和幻灯片显示比例动态调整示意

c）如果选择 最大化视频 布局，将在左侧显示放大的视频，右侧显示缩小的幻灯片，如图 5-11 所示。

图 5-11 最大化视频显示布局示意

（3）你可以改变课程中每张幻灯片的播放器布局。你只需在幻灯片属性中为每张幻灯片选择所需布局，它会在项目播放时随着幻灯片的前进自动改变。

（4）另外，你可以将所有幻灯片的前进条件设置为 自动 。该选项允许你创建自动运行的演示文稿。动态布局和自动幻灯片推进是创建高效视频演讲的完美组合。

（5）发布课程。课程运行时，每张幻灯片会自动前进，并根据视频讲解播放器中的设置自动改变每张幻灯片的布局，从而创建高效的视频讲座。

九、添加播放列表

无论是针对课堂教学还是技能培训，好的背景音乐都有助于学习者更好地接受你正在传递的信息。选择和添加背景声音是保证演示文稿的整体效果中非常重要一个组成部分。虽然演示文稿具有添加背景音乐的功能，但是通过演示文稿添加的音乐不会嵌入你发布的视频或 HTML5 演示文稿中，因此，接下来请你利用 iSpring Suite 9 代替演示文稿完成幻灯片中背景音乐的添加这一任务。

要在幻灯片中添加背景，你需要有一个已经存在的演示文稿。另外需要注意的是，与讲解不同，背景音乐是事先录制好的，而不是在 iSpring Suite 9 中创建或录制的，而且，只有在使用前导入 iSpring Suite 9 的播放列表中才能为 iSpring Suite 9 所用。

创建播放列表的具体操作步骤如下。

（1）在如图 5-12 所示的幻灯片属性窗口中单击 播放列表 → 管理播放列表... 。

图 5-12 播放列表在数学窗口中的位置示意

(2) 在如图5-13所示的播放列表窗口的,单击 新建… (A),弹出新建播放列表窗口。

(3) 在 播放列表名称 字段中键入新播放列表的名称(B)。

(4) 单击 确定 (C)。

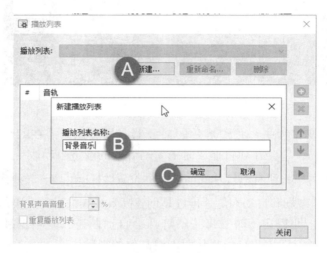

图5-13 新建播放列表操作示意

(5) 将音频添加到播放列表。在播放列表窗口中单击右侧的 + 按钮,再从电脑添加音频文件到播放列表。它支持wav、mp3和wma格式的音频文件。

(6) 你可以通过单击如图5-14右侧所示的按钮来管理播放列表。

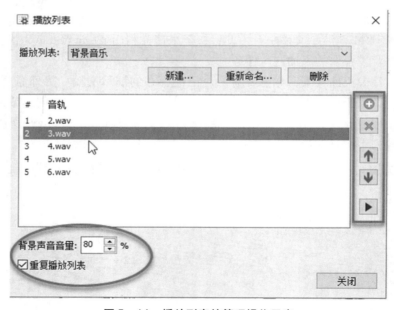

图5-14 播放列表的管理操作示意

a) 单击 ↑ 和 ↓ 按钮会上下移动选定的音轨。

b) 播放和试听选定的音轨后，单击 × 按钮可将不必要的音轨从列表中删除。

c) 在 背景声音音量 字段中，你可以将音量调节到舒适的水平。

d) 选中 重复播放列表 会循环播放列表。

（7）完成播放列表首选项设置后，请单击窗口右下角的 关闭。

（8）按照下面任一操作，在幻灯片属性窗口中给幻灯片分配一个播放列表：

a) 单击幻灯片缩略图右侧的播放列表列单元格，会显示播放列表。

b) 如果你不希望选择的幻灯片有背景音乐，请选择 无。

（9）要同时编辑多张幻灯片，请执行下面的操作步骤：

a) 要为所有幻灯片分配同一个播放列表，在键盘上按下 Ctrl + A 组合键，再单击窗口右侧属性面板的播放超级链接，然后在弹出的菜单中选择一个播放列表。

b) 要给多张连续（或不连续的）幻灯片分配同一个播放列表，先选择这个序列的第一张幻灯片，再按下 Shift 键（或 Ctrl 键），然后单击该系列的最后一张幻灯片，最后单击窗口右侧的属性面板的播放列表超级链接，从弹出的菜单中选择一个播放列表。

十、管理幻灯片分支选项

默认情况下，播放器的上一页按钮/下一页按钮会跳转到前一页和后一页幻灯片，但是你可以利用幻灯片分支导航功能自定义前进和后退的动作，从而创建非线性演示方案。

你可以参考以下步骤设置幻灯片的分支选项：

（1）选择需要设置分支跳转方案的幻灯片。

（2）单击工具栏的 分支选项（B）或缩略图右侧的 分支选项（A），如图 5－15 所示。

图 5－15 幻灯片属性窗口中的分支选项操作示意

（3）弹出图 5-16 所示的幻灯片分支选项对话框。默认情况下将使用以下分支设置：前进分支为下一张幻灯片和返回分支为上一张幻灯片。

图 5-16　幻灯片分支选项对话框

（4）你可以设置每张幻灯片的导航按钮（上一张幻灯片/下一张幻灯片），让学习者选择以下任意一个操作，具体选项如图 5-17 所示：

a）下一张幻灯片/上一张幻灯片。
b）任何特定幻灯片。
c）如果选择无，会禁止导航，学习者将无法移动幻灯片。

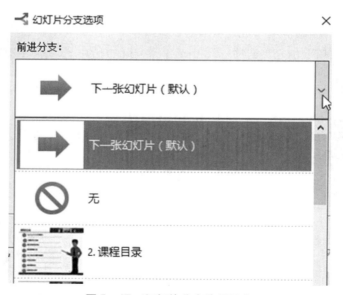

图 5-17　幻灯片分支选项示意

（5）配置的分支首选项将显示在图 5 - 15 的 分支选项 列中。

如果学习者通过单击幻灯片向前移动，也会激发向前分支功能。请注意，如果演示文稿中添加了测验，而学习者想跳过测验，你还可以为它设置分支。

十一、通过对象列添加学习材料

你还可以在幻灯片属性窗口中向幻灯片添加互动模块、测验或模拟情境对话对象。它们的处理方式非常类似，这里以测验为例加以讲解。

（1）在幻灯片属性窗口中单击要添加学习材料的幻灯片对应的对象列的 加入 菜单。

（2）选择 建立新测验。如果有可用的现成测验，请单击 从文件汇入，如图 5 - 18 所示。

图 5 - 18　幻灯片属性窗口中对象列的下拉菜单

（3）创建一个新测验或调查，或选择使用 QuizMaker 准备的测验或调查。

（4）完成测验后，单击 iSpring QuizMaker 工具栏上的 保存并返回课程，如图 5 - 19 所示。

图 5 - 19　QuizMaker 中的返回课程操作示意

（5）测验已添加到幻灯片中。现在，单击 保存 & 关闭 按钮。

第二节　添加参考资源

你还可以将幻灯片演示文稿、PDF 文档等有价值的参考资源提供给学习者，用于拓展他们的知识面。该功能一个常见的用途是为学习者提供课程幻灯片的打印副本。其中，"附件和超链接"允许你在课程中管理 Web 引用和文件附件；"演示者"允许你添加演示者和组织标志，让学习者了解更多与课程学习相关的背景信息；"公司标志"允许你使用公司标志标记演示文稿；"设置"允许你设置课程中的链接参数。

一、添加附件和超级链接

添加参考资源的具体操作方法如下：

（1）在演示文稿的菜单栏中选择 iSpring Suite 9 → 演示文稿资源 。

（2）打开如图 5-20 所示的演示文稿资源对话框。你可以在此添加各类演示资源。

图 5-20　演示文稿资源窗口

(3) 单击 添加超链接… 按钮，弹出如图 5-21 所示的加入网站链接对话框。

图 5-21　加入网站链接对话框

(4) 在 标题 中输入 Web 链接的标题，它将显示在播放器的参考屏幕中。
(5) 在 网址 中输入 Web 资源地址。其中，网址字段中的"http://"不能省略。
(6) 单击 确定 按钮保存。

二、添加文件附件

如果要添加文件附件，请按照以下步骤进行操作：
(1) 请在如图 5-20 所示的对话框中单击 添加附件… 按钮，弹出添加文件窗口。
(2) 在本地电脑浏览并选择需要插入的文件。
(3) 在资源列表中添加一个条目。在标题旁也会添加一个按钮指示资源的类型。另外，资源窗口右下角的按钮允许你添加、编辑、删除或重排资源。

三、给幻灯片添加演示者

演示者选项卡允许你在 HTML5 演示文稿中添加、编辑和删除演示者，并设置自动添加到演示文稿的默认演示者和组织信息。你可以给演示者添加图片、简历和其他联系信息，并在发布的课程大纲栏顶端作为信息块或下拉菜单项显示在顶部横条中。你还可以设置适用于所有演示者的通用徽标。

（一）添加和编辑演示者

要添加或编辑演示者信息，请执行以下步骤：
(1) 在演示文稿的菜单栏选择 iSpring Suite 9 → 演示文稿资源 按钮。
(2) 弹出如图 5-20 所示的对话框，切换到 演示者 选项卡。
(3) 单击窗口底部的 加入… 按钮，弹出编辑演示者窗口。
(4) 要更新现有演示者信息，请选择相应 演示者 ，再单击 编辑 按钮。

（5）在弹出的编辑演示者数据窗口中，选择 名称 字段并输入姓名。其他字段含义不言自明且可留空，在预览或播放演示文稿时不会出现演示者信息。

（6）如果要设置默认演示者，请在演示者选项卡中选择 默认 复选框。

（7）要更新演示者信息，请选择演示者并单击窗口底部的 编辑 按钮。

（二）为幻灯片设置演示者

你可以在演示者窗口中管理添加的演示者，为幻灯片分配演示者。

（1）如果希望将演示者分配给所选幻灯片，请双击演示者照片或单击其姓名，再从可用 演示者 下拉列表中选择其他演示者。若你不想为选定的幻灯片分配演示者，则选择 无。

（2）在默认情况下，默认演示者会添加到所有幻灯片中。若要修改，请单击显示工具栏的 演示者 按钮，然后转到演示者区域进行调整，如图 5-22 所示。

（3）如果要给所有幻灯片分配同一个演示者，按下 Ctrl + A 键选择所有幻灯片，然后在演示者下拉列表中选择一个演示者。

（4）要给多张幻灯片分配同一个演示者，请先在幻灯片属性窗口中选择这些幻灯片，最后在演示者下拉列表中选择一个演示者。

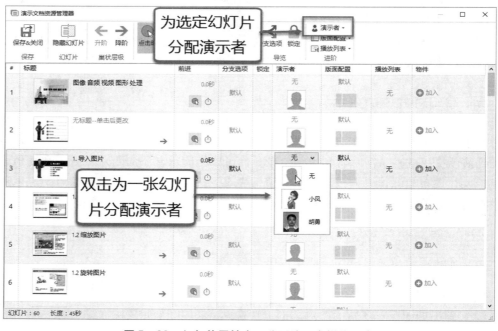

图 5-22 幻灯片属性窗口分配演示者操作示意

四、设置公司标志

公司标志选项卡允许你使用公司或组织标志标记演示文稿，并向公司网站添加链接。要向课程添加公司标志，请按照以下步骤进行操作：

（1）在幻灯片属性窗口中切换到 公司标志 选项卡。

（2）单击 浏览 按钮，从弹出的打开文件窗口中选择公司标志。

（3）在 网址 字段中输入公司网址 URL，它的前缀是"http://"。

（4）完成后，单击 确定 按钮。

五、设置超级链接

你可以在设定窗格，管理演示文稿中指向某些外部资源的链接打开方式。

（1）在演示文稿的菜单栏选择 iSpring Suite 9 → 演示文稿资源 。

（2）在演示文稿资源窗口中切换到 设置 选项卡。

（3）选择在课程中打开超链接的方式。它提供了在同一窗口、父窗口等选项。

（4）单击 确定 按钮，应用改变。

第三节　小　　结

本章主要介绍了如何在 iSpring Suite 9 的演示文稿窗格中管理演示文稿的属性。一是通过单击幻灯片属性按钮设置幻灯片属性，主要包括组织演示文稿结构、设置幻灯片前进选项、设置导航限制、添加演示者等；二是通过演示文稿资源按钮添加文件、附件、公司标志和演示者等附加信息。

下一章向你介绍如何利用 iSpring QuizMaker 9 创建测验，从而将演示文稿转换为真正的交互式课程。

第六章　利用 iSpring QuizMaker 9 创建交互式测验

iSpring QuizMaker 9 是一款能脱离 PPT 独立运行、可创建 HTML5 格式的交互式测验和调查问卷甚至完整的培训课程的应用程序。当然，你也可以在演示文稿的 iSpring Suite 9 菜单中，通过单击测验按钮，在集成的 iSpring QuizMaker 9 软件中创建计分问题或调查问题。计分问题能测试学习者的知识掌握程度，其答案有对错之分；调查问题旨在调查和收集个体提供的信息，答案无对错之分。测验中可以包含计分问题和调查问题，而调查问卷中只包含调查问题而不能包含计分问题。本章将介绍如何启动软件、如何添加问题、如何设置测验属性、如何管理题组、如何设计问题幻灯片、如何预览和发布测验。

第一节　iSpring QuizMaker 9 的启动和测验的创建

一、启动 QuizMaker 9 程序

你可以使用以下任意方法启动 QuizMaker 9 程序：

（1）双击桌面上的 iSpring Suite 9 图标，在弹出的快速开始窗口中选择 测验 选项卡。

（2）在电脑中按照 开始 → iSpring Suite 9 → iSpring QuizMaker 9 的顺序选择。

（3）启动 PPT 后，在演示文稿的菜单栏选择 iSpring Suite 9 → 测验 。

上述任一操作均可以打开 QuizMaker 9 并弹出包含下述四个选项的窗口如图 6-1 所示。

（1）有评分的测验：单击该按钮会在 QuizMaker 9 中创建新的计分问题。

（2）问卷调查：单击该按钮会在 QuizMaker 9 中创建新的调查问卷。

（3）最近使用的测验：如果你使用 QuizMaker 9 程序创建过测验，它们会显示在文件名列表中。单击 浏览… 按钮会打开最近文档中未列出的测验。

（4）资源面板：它列出了与 QuizMaker 9 相关的视频教程、社区、知识库和支持资源链接。单击任意链接后会在默认网页浏览器中打开相关资源。

第六章 利用 iSpring QuizMaker 9 创建交互式测验

图 6-1 新建测验窗口

二、设置测验尺寸

默认的测验尺寸为 720 像素×540 像素，如图 6-2 所示。你可以随时调整测验尺寸，但最好在添加内容之前进行设置，因为调整测验尺寸有可能破坏版面布局。

图 6-2 默认的测验尺寸示意

发布的作品要比设置的尺寸稍大一些，因为播放器增加了一些宽度和高度。单独的测验播放器在宽度和高度上分别增加 24 像素和 96 像素，嵌套在 iSpring Suite 9 课程中的测验播放器分别在宽度和高度上增加 302 像素和 124 像素。

第二节　管理测验问题

本节主要介绍如何在问题编辑窗口中新建问题、导入问题、设置反馈和分支等属性、应用罚分、为问题添加书签、连结问题、管理问题列表、锁定答案选择位置。由于 QuizMaker 9 提供了窗体视图和幻灯片视图，分别用于对同一问题的属性和版面的编辑，因此，这里首先介绍编辑问题时需要频繁切换的这两个视图。

一、窗体视图和幻灯片视图

窗体视图是创建问题时的默认视图，主要用于添加问题和设置问题属性。下面以如图 6-3 所示的单选题为例，介绍问题编辑窗口的窗体视图。

（1）工具栏（A）：提供了访问、插入问题、功能的快捷按钮。
（2）幻灯片视图/窗体视图选项卡（B）：可以快速切换问题视图。
（3）问题窗格（C）：用于输入具体的问题。
（4）媒体资源窗格（D）：用于向问题中添加图片、音频和视频媒体资源。
（5）答案详细信息窗格（E）：用于添加答案的详细信息。
（6）选项/反馈和分支窗格（F）：用于设置答案和问题的反馈及分支。
（7）问题列表窗格（G）：用于显示测验中的问题和题组列表。
（8）问题缩略图（H）：用于预览设计好的问题显示缩略图。
（9）幻灯片选项窗格（I）：用于设置与测验相关的问题属性。

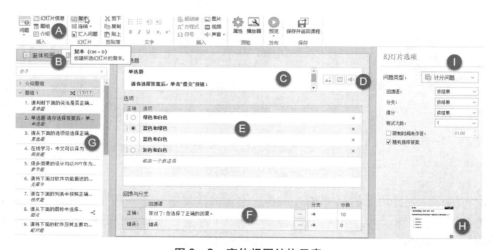

图 6-3　窗体视图结构示意

单选题、复选题、排序题、图点题、配对题、拖曳题还允许你通过右击答案选项（E），在弹出的快捷菜单中删除相关题项。

如图6-4所示的幻灯片视图提供了与输出类似的可视化编辑界面，主要用于自定义幻灯片外观、添加富媒体图文和音/视频资源、修改幻灯片布局、设置字体和字号、设置幻灯片背景、设置问题对象的动画效果和编辑幻灯片的图层等。

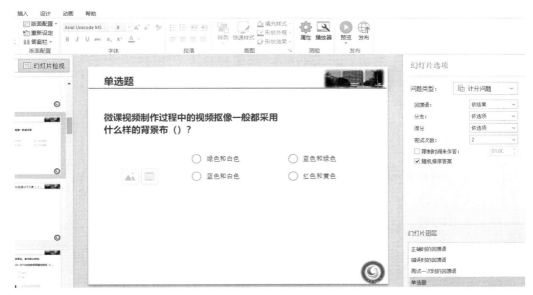

图6-4　幻灯片视图

二、添加问题幻灯片

QuizMaker 9 提供了单选题、复选题、是非题、简答题、填空题、配对题、排序题、数字题、克漏题、图点题、从列表中选择、拖曳题、李克特量表和短文这14种题型。其中，除了李克特量表和短文只能用作调查问题，其余题型均可在计分问题和调查问题之间转换。这些问题格式差异不大，创建过程类似，且在传统教学中使用多年，但与传统问题相比，QuizMaker 9 中的问题是互动式的，更能吸引学习者把时间和精力投入学习活动中。测验中可以同时包含计分问题和调查问题，你可以在测验中插入有助于了解学习者对教学方法看法的短文，但调查问卷中不能包含计分问题。

本节主要介绍如何在窗体视图中添加不同类型的问题。

（一）创建单选题

单选题允许学习者从多个答案选项中选择答案，它有且只有一个正确答案。要添加单选题，你可以参考以下步骤进行操作：

（1）单击工具栏的问题下拉按钮，弹出如图6-5所示的问题下拉列表。

（2）将鼠标悬停在某个 问题 类型的缩略图上，在其右下角会显示该问题类型的范例及描述。单击 单选题 按钮，弹出单选题问题编辑窗口。

图6-5 问题列表菜单

(3) 在如图6-6所示的单选题问题窗格中输入具体问题。此外,很多学习者没有意识到选择答案后需要单击提交按钮,你还可以在这里输入答题指南。典型的提示性文本可以是"请你选择这个问题的答案后,单击右下角的"提交"按钮。

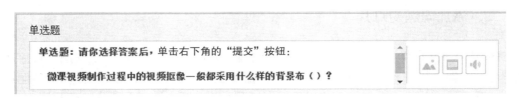

图6-6 单选题问题题干编辑窗格

(4) 在如图6-7所示的选项窗格的对应 选项 中,输入问题的多个备答选项。

图6-7 单选题选项窗格

（5）在 正确 栏中选择正确答案。它会用三维黑色圆点填充。

（6）如果要调整答案选项的顺序，请右击对应选项前的单选按钮，再在弹出的快捷菜单中选择 ↑往上移 和 ↓往下移 菜单项，如图6-8所示。

图6-8 答案选项的锁定操作

（7）如果希望答案选项排列顺序不变，你可以选择 锁定选择 。

（8）新添加的问题会用默认参数进行设置。你可以参照设置问题幻灯片属性这部分的介绍，在问题幻灯片右侧的幻灯片选项窗格中修改问题属性。

（9）如果选择 随机排序答案 ，测验每次均按不同顺序显示问题答案选项。

（10）如果得分按照选项分配，你可以在图6-8的 分数 列中自定义选项分值。

（11）如有必要，请在如图6-9所示的 回馈与分支 窗格编辑和修改问题的反馈信息。

回馈与分支				
	回馈语		分支	分数
正确：	答对了！您选择了正确的回复。	...	→	10
错误：	错误	...	→	0

图6-9 问题幻灯片的回馈和分支窗格

（12）如果你想根据学习者的答案控制测验中的问题顺序，请设置分支。

（13）如有必要，请切换到幻灯片视图，并向问题添加媒体资源。

（14）如有必要，自定义问题的文本样式（粗体/斜体/下划线）。

（15）你可以在左侧的测验问题列表中双击问题，返回并修改问题。

（16）在菜单栏单击 预览 按钮，预览测验中所添加的问题。

（17）如果问题设置正确无误，请单击 关闭预览 按钮返回创建问题前的界面。

（18）完成设置后，请单击功能区中的 保存和关闭 按钮保存问题。

（二）是非题和复选题的选项

是非题实质上是只有两个答案选项的单选题，它通常要求学习者判断某个陈述是否正确，如图6-10所示。复选题可视为多个判断题的组合。这两种题型和单选题创建过程非常类似，因此，这里仅介绍这两种题型设置中需要注意的地方。

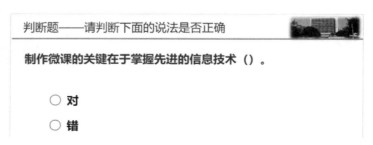

图6-10 是非题显示效果示意

在是非题的选项窗格中，通过单击 正确 列对应的单选按钮设置正确答案。答案选项不一定非得使用默认的"是"或"非"，而是可以根据需要修改其中的文字（如对/错、男性/女性等），只要两个选项互斥即可，如图6-11所示。

图6-11 是非题选项窗格

复选题要求学习者从多个可能答案选项中选择所有正确的答案选项后，答案才视为正确。你可以根据需要添加多个答案选项，并使用复选按钮选择正确的答案。如果分值通过选项分配，你可以在 分数 列中自定义每个答案选项的分值。复选题运行效果如图6-12所示。

图6-12 复选题运行效果示意

（三）创建简答题

简答题包含一个需要学习者输入的空白文本框，输入的文本需要和正确答案列表中预设的答案进行匹配，只有两者完全一样答案才被视为正确。添加简答题的步骤如下。

（1）单击 QuizMaker 9 工具栏的 问题 下拉按钮，弹出如图 6-5 所示的问题列表窗口。

（2）单击 简答 按钮，弹出如图 6-13 所示的简答题问题设置窗口。

图 6-13　简答题问题设置窗口

（3）在简答题窗格中的 输入您的回复: 占位符中输入具体问题。例如，"请在下面的文本框中写出 MOOC 的中文含义"。

（4）在 正确答案 1 占位符中输入正确答案，例如，"大规模开放在线课程"。

（5）如果问题答案不唯一，你还可以在 添加一个新答案 占位符中输入正确的替代答案选项。每一行代表一个单独的、同样正确的答案。

（6）对于英文，你可以在幻灯片选项窗格中选择 区分大小写 复选框。

（7）你可以按照测验属性这一节的介绍设置问题的其他属性，也可以保持默认设置，从而让所有问题都保持相同的行为方式。

（8）预览问题，显示效果如图 6-14 所示。

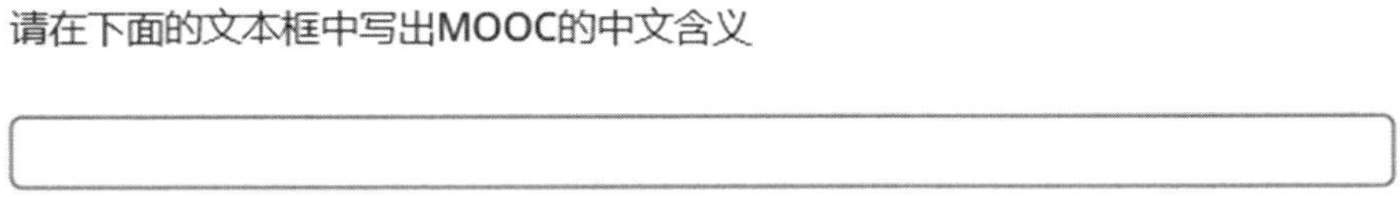

图 6-14　简答题运行效果示意

（四）创建填空题

填空题是包含一个或多个需要填答的空白区域的句子或段落，学习者需要在其中输入正确答案。这里以"四段式交互式微课教学设计模型包含先行组织者、知识讲授、总结反馈和测验"这个知识点为例，将其中的知识讲授和总结反馈作为学习者需要填答的空白区域，讲解填空题的添加步骤，并且假设"知识讲授"的另一个可接受答案是"讲解新知识"。

（1）单击工具栏的 问题 下拉按钮，弹出问题库下拉列表。

（2）在问题库下拉列表中单击 填空题 按钮，弹出填空题问题编辑窗口。

（3）单击填空题窗格中的 填空题: 占位符，编辑并输入要显示的具体问题。你可以输入文本、数字和特殊字符等。如果有必要，你也可以输入答题指南。

（4）在 文字与空格 窗格中输入要设置空格区域的句子或段落。

（5）按照以下任意或多个方法设置学习者需要填写的词语或短语：

a）先选择问题中你希望留空的词语 知识讲授 ，再单击测验面板中的 插入空格 按钮。这时，所选词语"知识讲授"的周围会出现一个矩形框，用于标记从原句中删除词语。这样，iSpring Suite 9 就知道你想用空格替换该词语。

b）输入问题时用答案（这里是"知识讲授"）代替占位符文本空格。

（6）单击 知识讲授 右侧的下拉菜单，在 新增一个文字 占位符中输入 讲解新知识 ，作为额外的正确填充到空白处的附加词语/短语。

（7）如果答案中包含英文字母，可以选择 答案大小写需相符 选项。这时，如果将"Home"设置为正确答案，"home"将视为不正确。

（8）如果还需添加其他空格，请重复步骤（4）～（6）。填空题设置如图 6-15 所示。

图 6-15 填空题问题编辑窗口

（9）你可以按照本章第六节的介绍，设置问题的其他属性。你也可以保持默认设置，以便所有问题的行为方式相同。

（五）添加配对题

配对题需要你添加几个正确配对的词语或图片组合。例如，软件功能和软件名配对，动物及其英文匹配等。学习者必须正确匹配两个列表项目。在回答问题时，项目排列顺序会被打乱，学习者把第二个列表中需要匹配的项目拖曳到第一个列表中需要匹配的项目上。

（1）单击工具栏的 问题 下拉按钮，弹出问题类型列表窗口。

（2）单击 配对 按钮，弹出如图 6-16 所示的配对题问题编辑窗口。

（3）选择 匹配下列问题 占位符，在其中输入具体问题。你可以包含文本、数字或特殊字符，也可以在此输入答题指南。

（4）在正确的配对窗格的项目列表下，输入需要配对的词语或短语。

（5）在配对列表中将各答案占位符替换为和项目列选项对应的配对选项。

（6）如果要添加更多配对列表行，请分别在项目列表和配对列表中通过单击 添加一个新项目 和 添加一个新配对 列表行，输入新的项目和配对。

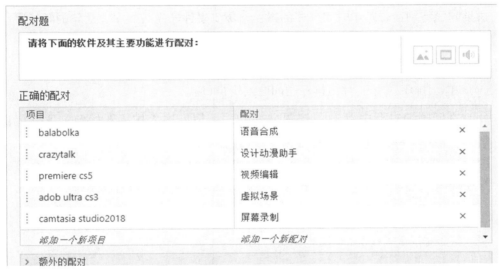

图 6-16 配对题窗口设置示意

（7）如果你希望增加问题难度，可以在额外的配对列表，为问题添加作为迷惑的配对选项，消除学习者在作答时产生的逐个排除效应。

（8）如果希望答案混排，请选择测验属性面板中的 随机排列答案 。

（9）如果选择 接受部分答案 ，你可以为此类答案选项单独提供反馈信息。

（10）单击 iSpring QuizMaker 工具栏的 预览 按钮，效果如图 6-17 所示。

图 6-17　配对题运行效果示意

（六）创建排序题

排序题会提供一系列顺序混乱的项目，要求学习者根据某种规则或原则排列答题选项。这类问题特别适合基于时间顺序的操作、历史事件的先后顺序、话轮的转换等，如唐诗的句子顺序。你可以参考以下步骤创建排序题：

（1）单击工具栏的 问题 下拉按钮，弹出问题类型列表窗口。

（2）单击 排序 按钮，弹出排序题问题编辑窗口。

（3）在问题编辑器中双击 排序题 占位符，编辑并输入排序题标题。可以包含文本、数字、特殊字符，也可以在此输入答题指南。

（4）在正确的顺序窗格中的选项列中，按照正确顺序在每一行中输入一个答案选项，操作如图 6-18 所示。学习者浏览问题时，这些答案选项将自动重排。

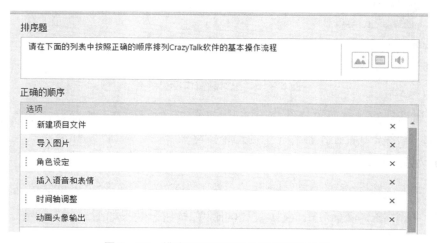

图 6-18　排序题问题窗口的问题设置示意

（5）你随时可以根据需要，删除不需要的答案选项。

（6）新添加的问题具有默认参数。你可以在右侧的幻灯片选项窗格修改当前问题的属性。你也可以保持问题的默认设置，以便所有问题的行为方式相同。

（7）排序题的输出效果如图 6-19 所示。

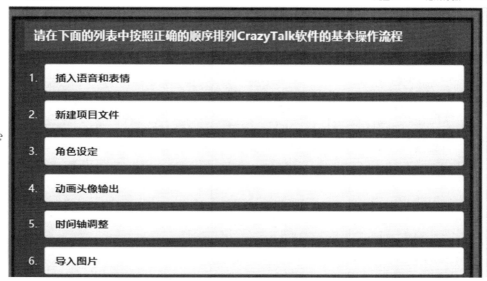

图 6-19　排序题运行效果示意

（七）创建数字题

数字题要求学习者输入正确的阿拉伯数字来回答问题，你需要在"可接受的数值"窗格中，设置可接受的数字或数值范围。

（1）单击工具栏的 问题 下拉按钮，弹出问题类型列表窗口。

（2）单击 数字 按钮，弹出数字题问题编辑窗口。

（3）在数字题窗格中选择 输入你的回复 占位符，然后编辑并输入具体问题。你可以输入文本、数字和特殊字符等。你也可以在此输入答题指南。

（4）在可接受的数值列下设置答案，答案中可以包含小数。

（5）你可以从以下选项中选择正确答案所需满足的条件：

a）等于。若输入设置的值，则认为答案正确。

b）之间。若输入设置范围内的数字，则认为答案正确。

c）大于。若输入的数字大于设置数字，则认为答案正确。

d）大于或等于。若输入设置的数字或更大的数字，则认为答案正确。

e）小于。若输入的数字小于设置的数字，则认为答案正确。

f）小于或等于。若输入的数字等于或小于设置数字，则认为答案正确。

g）不等于。若输入的数字与设置数字不同，则认为答案正确。

（6）设置后的问题窗口如图 6-20 所示。

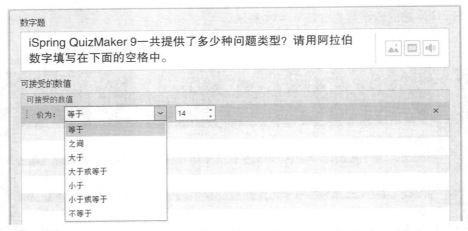

图 6-20　数字题范例问题设置窗口

（7）运行设置好的范例问题，效果如图 6-21 所示。

图 6-21　数字题问题运行效果示意

（八）创建克漏题

克漏题也叫完形填空题，它由出题者在一篇语义连贯的文章中有目的地去掉一些词语，形成若干空格，要求从给出的对应备选答案中，将正确或最佳答案拖曳至空白处，使文章恢复完整。它考查对语法、词汇、句型、搭配等基础知识的综合运用能力，又考查对短文的阅读理解能力。其设置要点如下：

（1）单击工具栏中 问题 下拉按钮，弹出问题类型列表窗口。

（2）单击 拖曳文字 按钮，弹出拖曳文字题编辑窗口。

（3）在克漏字窗格中输入要显示的具体问题。你还可以利用该区域输入答题指南。

（4）在文字与空格窗格中，选择问题中你希望留空的词语或短语。

（5）单击右侧的 插入空格 按钮，会在所选词语周围插入一个空白文本框。iSpring

Suite 9 借此标记从原句中删除的词语及用空格替换单词。

（6）你可以在附加字词窗格中输入多个迷惑短语，以增加难度，如图 6-22 所示。

图 6-22　克漏题范例问题编辑示意

（7）新添加的问题具有默认参数。你也可以保留默认设置，以使所有问题的行为方式相同。你也可以参照本章第六节的介绍，修改当前问题的属性。

（8）预览设计好的克漏题，效果如图 6-23 所示。

图 6-23　克漏题运行效果示意

(九) 创建图点题

图点题允许你在幻灯片上定义一个学习者必须单击的热点。你可以设置一个或多个正确热点。例如，在医学测验中，利用图点题测试学习者对人体结构的了解程度。此外，你可能希望学习者单击一组按钮或其他图片。你也可以将热点放置在幻灯片的部分区域，用于模拟单击导航区域。与复选题类似，如果设置了多个正确热点，当学习者选择所有正确的热点时答案才算正确。

添加图片热点问题幻灯片的操作步骤如下：

（1）在工具栏上单击 问题 按钮，打开前述的问题库列表窗口。

（2）单击 图片点选题 按钮，打开如图 6-24 所示的图点题编辑窗口。

（3）在图片点选题问题窗格中，输入图点题的标题。

（4）在 图点 窗格中单击 从文件... 按钮，在添加需要显示在幻灯片上的图片。

图 6-24　图点题问题设置窗口

（5）在打开的资源管理器导航对话框中，导航至你希望添加的热点图片位置，选择并将该图片插入至图点窗格区域。你可以编辑、移动或调整对象大小。

（6）为了更好地点选热区，单击刚插入的图片缩略图右上角的最大化按钮，使图片在编辑器放大显示，你可以最大化细节区域以处理大图片。

（7）如图 6-25 所示，根据需要在图片中添加一个或多个矩形、椭圆和自由图形的热点。

（8）编辑、移动或调整热点，然后将热点拖放到希望学习者单击的区域。

（9）单击缩小按钮缩小图片区域，以便为其他设置留下空间。

（10）在正确列单击准备设置为正确答案的热点，对应的正确复选框会显示一个 √ 符号，将它标记为正确答案。设置为正确的热点区域会用浅绿色标注。

（11）如果热点题有多个正确答案，请在 正确 列中选择所有正确选项。

（12）在幻灯片选项窗格，你还可以在打分问题、调查问题中切换问题类型。

（13）在 回馈 下拉列表中根据需要选择一个反馈选项：

a）若选择 按照结果 ，则会根据学习者的答案是否正确提供反馈。

b）若选择 无 ，则不会为学习者的选择提供任何反馈。

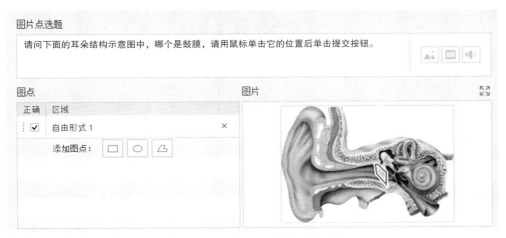

图 6-25　图点题的热点设置示意

（14）设置尝试次数。你可以在类似图 6-44 的幻灯片选项窗格的尝试区域设置试答次数。默认试答次数是 1。单击下拉箭头，在弹出的下拉箭头中设置具体的尝试次数。

（15）选择 限制时间来作答 可以设置答题的时间期限。学习者答题时会显示一个倒计时时钟，如果未能在设置时间内答完该题，将视为答案错误。

（16）选择 接受部分正确答案 后，系统会为部分正确答案的选项提供单独反馈。

（17）在标记选项区域，选择是否需要限制答案数量。如果要限制答案的数量，请勾选该复选框。这时，学习者在答题时不能点选超过已设定的热点数量。

（18）若尝试不少于 2 次，可以选择是否在新尝试前保留标记位置：

a）如果选择 启用清除标记 ，在开始新尝试之前，会清除掉上一次尝试时选择的热点区域。

b）如果选择 保留标记位置 ，学习者在开始新尝试之前不会清除上一次尝试对点选的热点区域。你只能将原来尝试的热点移动到新区域后单击提交。

（19）预览图点题，具体效果如图 6-26 所示。

在下面的耳朵结构示意图中,哪个是鼓膜,请用鼠标单击它的位置后单击提交按钮。

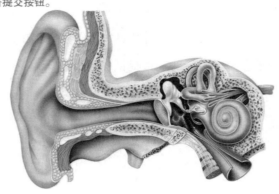

图6-26 图点题运行效果

(十) 创建从下拉菜单选择问题

从下拉菜单选择问题会提供一个或多个答案列表,要求学习者从中选择一个正确答案。添加从下拉菜单选择问题的主要操作步骤如下:

(1) 单击工具栏的 问题 下拉按钮,弹出问题库下拉列表窗口。

(2) 单击 从下拉选单选择 按钮,打开此类问题的编辑窗口。

(3) 在从列表中选择问题窗格中输入具体问题。你还可以利用该区域输入答题指南。

(4) 在文字与空格窗格中输入要设置成下拉菜单选择问题的句子或段落。

(5) 选择问题中拟设置为下拉菜单的词语或短语,再单击测验面板中的 插入空格 按钮,所选词语或短语周围出现空格下拉菜单标记,用于标记删除的词语。

(6) 在文字与空格窗格单击 答案1 下拉列表,并插入至少两个项目。

(7) 单击正确答案所对应的单选按钮。

(8) 如果有必要,你可以选择问题中需要学习者回答的其他知识点所对应的文字,再单击 插入空格 按钮,将这段文字设置成下拉菜单选择问题。

(9) 如果你想删除某个下拉菜单选择问题,请选择该下拉菜单标记,再单击文字与空格窗格右侧的 删除空格 按钮。问题设置如图6-27所示。

利用 iSpring QuizMaker 9 创建交互式测验

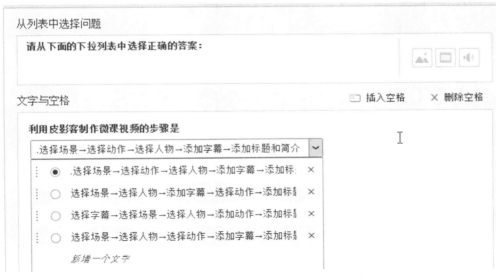

图 6-27 从列表中选择问题范例设置示意

（10）预览设置好的问题，具体显示效果如图 6-28 所示。

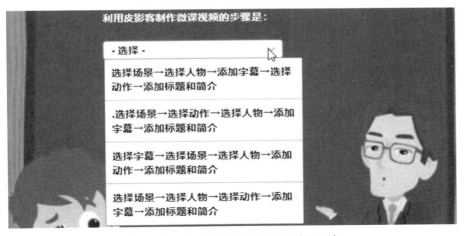

图 6-28 从列表选择问题运行效果示意

（十一）创建拖曳题

图片拖曳题允许你在幻灯片上通过拖放图片或其他形状添加互动，你只需设置拖动对象和放置的目标对象。具体操作步骤如下：

（1）在 QuizMaker 9 的工具栏上单击 问题 按钮，打开问题库列表窗口。

（2）弹出插入问题窗口，单击 拖曳 按钮，打开如图 6-29 所示的拖曳题编辑器窗口。在正确的配对窗格中，你会看到关于拖曳题创建方法的文字说明。

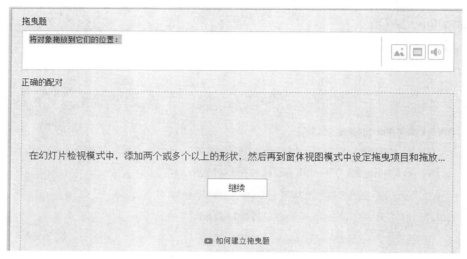

图6-29 拖曳问题设置窗口

（3）请单击 继续 按钮，QuizMaker 9 会自动切换到幻灯片视图
（4）在幻灯片视图中添加作为拖曳项目和释放目标的图片和对象。
（5）切换到窗体视图，设置拖曳对象和拖放的目标对象，如图6-30所示。

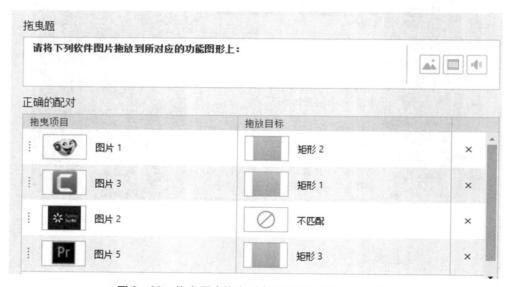

图6-30 拖曳题中拖曳对象和拖放目标的设置示意

（6）在拖曳项目列单击拖动对象下拉三角，从中选择你希望学习者可以拖动的对象。当鼠标在列表对象上滚动时，QuizMaker 9 会在屏幕右下角的预览缩略图中为该对象添加红色轮廓线，以便你快速辨别正在处理的对象。具体操作如图6-31所示。

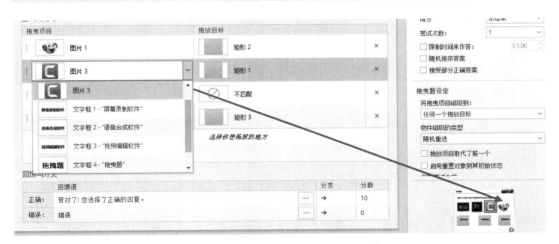

图6-31 拖曳对象选择效果实时预览

（7）单击拖放目标下拉选择器，从中选择拖曳对象对应的释放目标对象。

（8）在拖放过程中，有以下几个需要注意的问题：

a）每个拖曳对象只能匹配一个拖放目标对象。

b）每个拖放目标可以同时匹配（放置）多个拖曳项目。

c）即使某个拖曳项目没有匹配的拖放目标，也可以将它设置为可拖动。你只需在拖曳项目列选择该对象，然后在拖放目标列中选择 不匹配，即可将拖曳对象设置为迷惑性拖放对象，具体操作如图6-32所示。

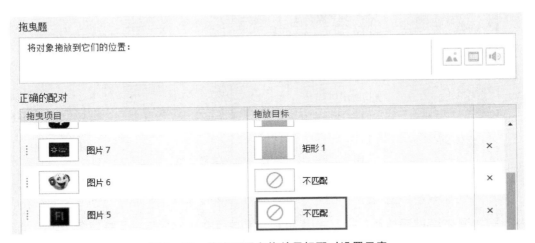

图6-32 拖曳项目和拖放目标配对设置示意

d）即使拖放目标未设置拖曳对象，也可参考图6-33，将它作为迷惑拖放目标。

图6-33　没有分配任何拖放目标的拖曳项目设置示意

（9）如果要从正确的配对窗格中删除某个拖曳项目和拖放目标组合，在该行的任意位置单击鼠标右键，然后在弹出的快捷菜单中选择|删除|菜单项。

（10）单击|拖曳题设定|窗格，弹出如图3-34所示的下拉菜单，从中设置拖曳对象的行为。

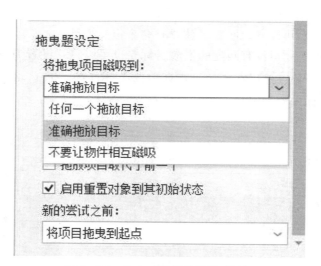

图6-34　拖曳对象行为设置对话框

a）如果选择|任何一个拖放目标|，拖曳项目可以放置在任何拖放目标上。

b）如果选择|准确拖放目标|，拖曳项目只有放置在正确的拖放目标对象上才会被磁吸，否则会原样返回。

c）如选择|不要让物体相互磁吸|，拖放对象会停留在拖放过程中释放鼠标的任意位置，即使该位置不是拖放目标。当选择该选项时，图6-35的物件磁吸的类型列表将不可用。

（11）设置物件磁吸类型。如果你希望将拖动项目放置在幻灯片上，请勾选该复选框，再使用相应的下拉列表菜单选择项目堆放方式：

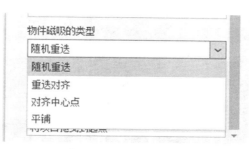

图 6-35　拖曳题对象磁吸选项

a）随机重迭。第一个对象随机放置在拖放目标中，所有后续拓展项目将放置在已放置对象的顶部，并几乎完全覆盖它。

b）重迭对齐。前后拖放的对象会重叠堆放。

c）对齐中心点。所有对象将放置在拖放目标的中心。

d）平铺。第一个对象放置在拖放目标左上角，后续对象按照先后顺序从左往右彼此相邻放置。

（12）若选择 拖放项目取代了前一个，则只允许在某个特定目标上放置一个对象。若拖放目标上有一个拖动对象，其会被新的拖动对象取代，原对象返回其初始位置。设置如图 6-36 所示。

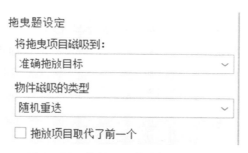

图 6-36　拖放项目替代操作示意

（13）若选择 启用重置对象到其初始状态 复选框，则在尝试多于一次时会激活"新的尝试之前"列表框。它提供了两个列表项：

a）如果选择 保留拖曳项目位置，学习者尝试失败后，对象将保留在上一次尝试中选择的位置。

b）若选择 将项目拖曳至起点，尝试失败后，对象将返回初始位置。

（14）你还可以自定义它的多个属性，包括答案选项的随机混排、反馈、分值、试答次数、答题时间和分支等属性。

（15）预览或运行设置好的拖曳题，显示效果如图 6-37 所示。

图 6-37 拖曳题运行效果示意

（十二）创建调查问题

QuizMaker 9 中的所有计分问题都可以转换成调查问题。调查问题也是基于表单的，主要用于收集学习者信息而不用于评分，故能非常方便地快速进行组合。

李克特量表是最常见的调查问题类型每个事物并不是非此即彼，它提供了一系列灰色答案取代只有"是"或"否"的选项，用于评估人们对某个问题看法。这里以李克特调查问题为例，介绍调查问题的创建步骤：

（1）在窗体视图模式中，选择 首页 → 问题 按钮。

（2）在弹出的问题列表窗口选择 李克特量表 问题类型。

（3）弹出与计分问题编辑器窗口相似的李克特量表问题编辑窗口。两者的主要差异在于后者的反馈区域只允许输入一个选项，而且不提供问题的评分方法。

（4）在李克特量表窗格的文本框中输入调查问题答题指南。

（5）在叙述窗格中输入答案选项，每行输入一个单独陈述句。你可以输入多个不同的陈述句。如图 6-38 所示。

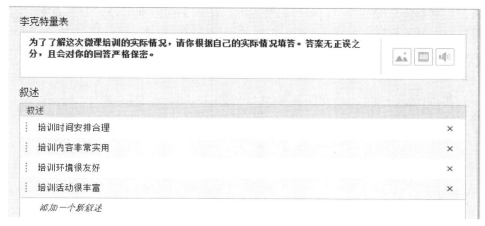

图6-38 李克特量表问题属性设置对话框

（6）单击底部比例窗格右侧的 变更 按钮，弹出如图6-39所示的比例对话框。它允许你检查问题标签比例。量表会自动根据你提供的比例数量自动进行调整。

（7）你可以通过单击量表并输入新的标签来改变它的比例。

（8）如果要删除某个比例，请单击右侧对应的 × 按钮即可。

（9）你可以单击比例窗口右上角的关闭按钮，返回调查问题编辑窗口。

图6-39 调查问题标签设置示意

（10）设置完成后，单击功能区的 预览 按钮，查看问题的显示效果。

（11）当完成预览检查后，单击功能区的 关闭预览 按钮返回问题对话框。

三、导入问题

在建立测验时，你还可以导入符合自己要求的 QuizMaker 测验，或者从 Excel 电子表格中导入遵循特定格式要求的单选题、复选题、是非题、简答题、数字题、匹配题、排序题、文章和信息幻灯片，以便节约开发时间。如果你想重用另一个测验中的问题或者使用学科专家为你开发的相关问题，这个功能特别有用。

从一个已有 QuizMaker 测验中导入问题的具体步骤如下：

（1）打开一个需要导入问题的测验或新建一个测验。

（2）选择 首页→导入问题，如图 6-40 所示。

图 6-40　导入问题操作示意

（3）弹出标准的打开文件窗口，浏览并选择你希望导入的测验文件或 ∗.xls 和 ∗.xlsx 格式的 Excel 文件（注意：电脑须安装 Excel 才能成功）。

（4）对于测验问题，其会自动导入现有测验列表中。如果导入 Excel 问题，会弹出如图 6-41 所示的导入对话框，在插入下拉列表中定义要导入的问题：

a）新建问题组。在问题列表中创建一个新题组。默认情况下，该题组名称为新建问题组。你可以在右侧字段中重新命名题组。

b）现有题组。如果将问题导入现有题组中，导入问题将插入该题组末尾。

图 6-41　Excel 问题的导入对话框

（5）单击 汇入 按钮，将问题导入 QuizMaker 9 中，效果如图 6-42 所示。

图 6-42　Excel 问题导入效果示意

（6）导入完成后，会弹出如图6-43所示的导入结果窗口。

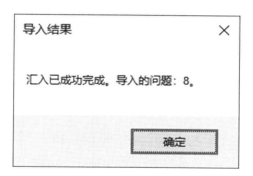

图6-43 成功导入结果信息窗口

四、设置问题幻灯片属性

新建或导入问题具有默认设置，你可以在幻灯片选项窗格中修改问题属性：

（1）在任意问题幻灯片右侧的幻灯片选项窗格中，单击 问题类型 下拉菜单，你可以在 有评分的测验 或 问卷调查 之间切换问题类型，如图6-44所示。

图6-44 问题类型切换菜单选项示意

（2）你可以从 反馈 下拉菜单中的以下选项中设置反馈出现的时机。

（3）你可以从 分数 下拉菜单选择相应的选项，设置问题得分依据：

a）选择 按照结果，会根据所选答案是否正确进行打分。

b）选择 按照选项，会根据学习者的选择进行打分。

（4）你可以在如图6-9所示的分支下拉菜单中设置学习者答题后的分支跳转条件：

a）选择 按照结果 ，会根据结果的对错情况，将学习者引导至不同分支。

b）选择 按照选项 ，会根据学习者所选择的选项跳转到不同分支。

（5）你可以在 尝试次数 下拉列表中设置问题的试答次数，默认为1次。

（6）如果选择 限制回答问题的时间 选项，会限制学习者答题时间，并在右侧文本字段中设置具体答题时间。默认是1分钟。

（7）如果选择 随机排序答案 ，每次运行问题时会重排问题选项顺序。

（8）如果选择 接受部分正确的答案 ，答案可能会被视为部分正确。该设置在没有部分正确回答的问题类型（如判断题）中不可用。

（9）对于调查问卷问题，你可以选择 允许略过问题 选项。设置如图6-45所示。

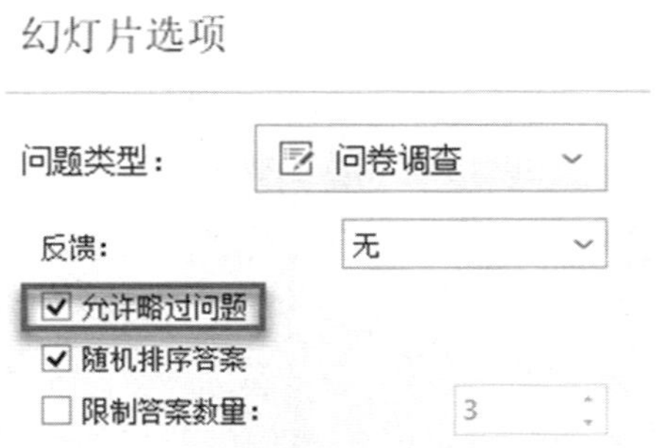

图6-45　问卷调查问题的属性设置

（10）对于填空题，你还可以决定是否选择答案区分大小写选项。这个选项适合英语等科目。例如，若"home"是正确答案，则"Home"将被视为错误答案。

（11） 限制答案数量 选项适用于复选题，它限制了用户在回答时的答案数量。

五、设置反馈

你可以根据答案对错为学习者提供反馈，并将学习者引导到测验的不同分支。你还可以为答案选项创建测验分支，为每个选择提供详细而有意义的反馈，解释所选答案的对错原因。请在窗体视图中通过以下操作设置问题反馈：

（1）在 窗体视图 选择要设置反馈的问题。

（2）从图6-44中的幻灯片选项窗格的 反馈 下拉菜单中，选择一种反馈选项：

a）无。如果选择该选项，系统不会为学习者所选答案提供任何反馈。

b）按照结果。如果选择该选项，系统会根据答案对错为学生提供正确或错误字段中添加的反馈。

c）按照选项。如果选择该选项，系统会根据学生答案选项提供反馈，适用于单选题、复选题、拖曳题。

（3）单击回馈与分支窗格中的编辑反馈按钮，以编辑反馈文本：

a）如果选择 按照结果 显示反馈，反馈文本域显示在窗口底部，如图 6－46 所示。

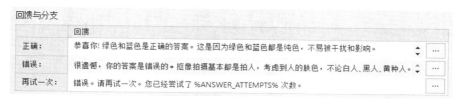

图 6－46　依据结果的反馈文本设置示意

b）如果选择 按照选项 提供反馈，反馈会显示在每个选项右边，如图 6－47 所示。

图 6－47　依据选项设置的反馈文本示意

（4）单击答案选项对应的 ⋯ 按钮，弹出如图 6－48 所示的反馈编辑窗口。你可以在其中插入文本，添加链接、列表、图片、公式和视频和音频。

图 6－48　反馈设置窗口设置范例

(5) 如果选择 按照选项 提供反馈，你可以为多选题的每个答案选项创建消息。

(6) 要改变反馈显示的效果，则切换到 幻灯片检视视图，再编辑反馈层、设置效果，如图 6-49 所示。这是学习者查看测验时反馈的外观。

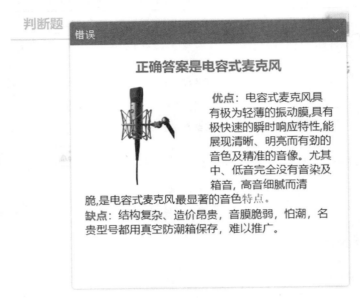

图 6-49　幻灯片反馈层的内容示意

(7) 你还可以在播放器设置窗口的颜色选项卡中修改正确、错误和已作答的反馈（针对调查问题）的顶部面板颜色，如图 6-50 所示。

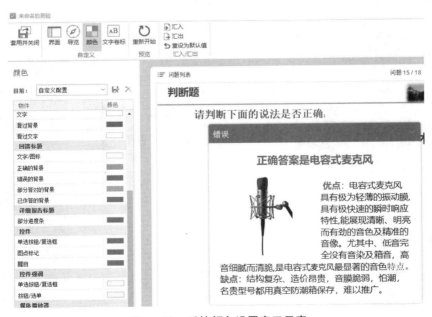

图 6-50　反馈颜色设置窗口示意

六、设置分支

默认情况下,学习者完成测验幻灯片后会前进至下一张幻灯片,但是你可以根据学习者答案的对错,控制测验的跳转流程。例如,将答对问题的学习者引导至测验的下一张幻灯片,答错的学习者引导至另外一张幻灯片,如补学刚才未过关的知识点所对应的幻灯片。设置分支的具体操作步骤如下。

(1)在测验问题窗格中选择要设置分支的问题幻灯片。

(2)选择 窗体视图 ,设置学习者答对、答错后再次尝试时的操作。

(3)在如图6-51所示的反馈窗格反馈下拉菜单中选择下面任一选项,设置学习者完成当前问题幻灯片内容的学习后,继续下一步操作时将要发生的事情:

a)下一张幻灯片。学习者将在测验中看到下一张幻灯片/问题。

b)完成测验。完成测验并将学习者带到结果屏幕。

c)设置幻灯片。学习者将带着问题或其他信息进入设置幻灯片。

d)从题组一开始。向学习者显示题组的第一个问题。

e)随机题库。如果在问题列表所选择的题组中启用了随机选择选项,将向学习者显示从所选题组中随机抽取的一个问题。

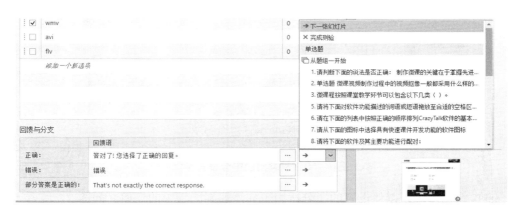

图6-51 反馈和分支选项行为设置示意

(4)多选题还允许你根据答题结果和答案选项选择设置分支。

a)在幻灯片选项窗格的 分支 下拉列表中,选择 按照选项 列表项。

b)参考图6-52,在每个答案选项的分支列中设置回答问题后的分支操作。

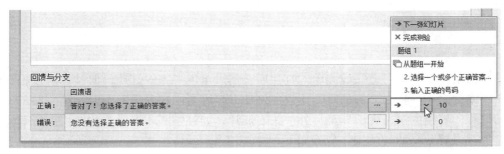

图 6-52　问题选项的分支设置操作示意

七、应用罚分

教师可以使用 iSpring QuizMaker 9 为计分测验应用罚分。如果学习者答错了，会从总分中减去相应罚分。你可以对所有问题、个别问题，甚至问题的答案选项应用罚分。如果使用默认设置，所有答错的计分问题会扣除相同罚分：

（1）单击测验工具栏上的 属性 按钮，打开如图 6-53 所示的测验属性窗口。

（2）选择 问题属性，在 错误答案的扣分 中设置一个正数，作为答错时的默认扣分。

图 6-53　测验问题得分设置示意

（3）保存修改，以使设置的罚分适用于你添加到测验中的任何新问题。

（4）要将设置应用于已存在的问题，请单击测验属性对话框底部的 全部应用… 按钮。

（5）弹出如图 6-54 所示的套用设定对话框，选择 得分 复选框。

（6）再单击 套用 按钮，应用修改。

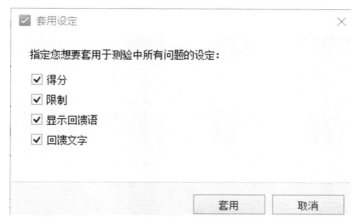

图6-54 应用设置对话框

（7）对个别问题适用罚分。你还可以在问题的回馈与分支窗格中，为单个计分问题的错误行输入负数。如果答案不正确，将从得分总数中减去相应分值，具体操作如图6-55所示。

图6-55 单独的积分问题的罚分设置示意

（8）对个别答案适用罚分。你可以为单选题和复选题的答案选项设置罚分。例如，一个答案接近正确答案，但另一个答案不正确，罚分可能会不同。在问题幻灯片右侧选项面板中的 得分 下拉列表中选择 依选项 ，然后为每个不正确的答案选项设置负分值，如图6-56所示。

图6-56 问题选项的罚分设置示意

八、为问题设置标签

标签功能允许参加测验的学习者标记问题列表中的某些问题,如果学习者对某些问题的答案没有把握,或者暂时跳过某些问题但又不想遗漏这些问题,为它们设置书签特别有用。这样,学习者可以在提交测验之前返回并检查答案。要为问题添加标签,需要将测验设置为一次提交全部。具体操作步骤如下:

(1) 请单击测验工具栏的 播放器 → 导览 按钮,弹出如图 6-57 所示的自定义播放器窗口。

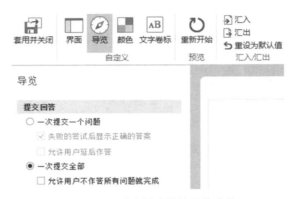

图 6-57 测验播放器的导览窗格

(2) 在导览窗格中,请选择 一次提交全部 单选按钮。

(3) 运行问题,在问题列表的数字前会出现标记问题图标,如图 6-58 所示。单击该按钮,为需要的问题添加标签,从而防止提交前遗漏重要的问题。

图 6-58 问题运行中的标记问题图标

九、连结问题

如果设置随机显示测验问题,测验运行时问题将随机呈现。若希望在随机显示问题的同时,让部分问题始终连在一起,则连结问题很有用。例如,如果希望一个练习题总是出现在特定理论题后面,你可以将它们连结起来并始终按照这个顺序呈现。你可以在题组中锁定问题位置,将问题固定在题组的顶端或底端。连结问题的具体操作步骤如下:

(1) 在窗体视图模式下,选择问题列表中要连结的问题幻灯片。

(2) 请使用以下任意一种方法:

a) 单击工具栏上的 连结 下拉菜单,如图 6-59 所示。

图 6-59 测验问题的连结下拉菜单

b) 如图 6-60 所示,右键单击幻灯片问题,然后从下拉菜单中选择 连结 。

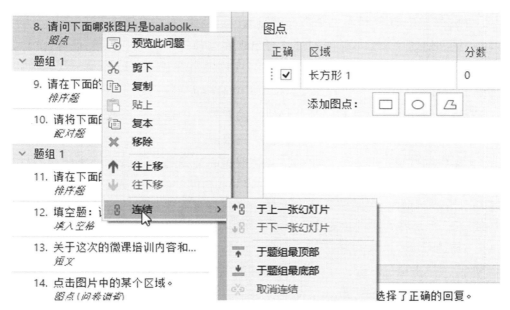

图 6-60 幻灯片问题连结操作示意

（3）选择一个可用的连结选项：

a）于上一张幻灯片。问题总是显示在它前面的那一张问题幻灯片后面。

b）于下一张幻灯片。问题始终出现在它后面的那一张问题幻灯片后面。

c）于题组最顶部。将所选问题作为题组中的第一个问题显示，适合单个问题。

d）于题组最底部。所选问题将作为题组中的最后一个问题显示，适合单个问题。

（4）如果要同时连结多个问题。你只需使用 Shift 或 Ctrl 键，再在列表中选择这些问题，然后在弹出的连结菜单中，选择一个连结菜单项。

（5）要删除连结设置，请选择连结的一个或多个问题，再在工具栏单击 连结 按钮，在弹出的连结菜单中选择 取消连结 。

十、管理问题列表

在你打开或创建测验时，左边的幻灯片缩略图列表就是问题列表。它提供了多种管理测验中问题幻灯片的工具。在 iSpring QuizMaker 9 中，你就是通过该列表对创建的问题进行管理的。你可以在问题列表视图中对问题进行以下操作：

（1）添加问题幻灯片。你可以在窗体视图模式下，通过单击 问题 下拉菜单中的相应按钮添加计分问题、调查问题、信息幻灯片和介绍幻灯片。

（2）剪切幻灯片。先在问题列表中选择一张或多张幻灯片（按下 Ctrl 键的同时用鼠标单击问题幻灯片或按下 Ctrl + A 选择所有幻灯片），再单击 首页 菜单中的 剪下 按钮。

（3）拷贝幻灯片。要复制幻灯片，请先在问题列表中选择一张或多张幻灯片，然后单击 首页 菜单中的 复制 按钮或者在键盘上按下 Ctrl + C 组合键。

（4）粘贴幻灯片。要粘贴的幻灯片会出现在当前选中的幻灯片下面，因此请选择合适的幻灯片（如果未选择幻灯片，粘贴幻灯片会出现在题组或测验末尾），再单击 首页 菜单中的 贴上 按钮，或者在键盘按下 Ctrl + V 组合键。

（5）克隆幻灯片。要复制幻灯片，请在问题列表中选择一个或多个问题，然后单击鼠标右键，在弹出的快捷菜单中选择 复本 菜单项。

（6）编辑幻灯片。要编辑一张幻灯片，请在问题列表中选择它，然后在幻灯片视图或窗体视图中打开，并在该视图中添加内容和编辑问题的属性。

（7）删除幻灯片。在问题列表中选择一张或多张需要删除的幻灯片，再在幻灯片上右击鼠标，然后在弹出的快捷菜单中选择移除菜单项。

（8）移动幻灯片。先在问题列表中选择一张或多张幻灯片，再用鼠标拖曳至新位置后释放；或单击鼠标右键，在弹出的快捷菜单中选择 往上移 或 往下移 。

（9）编辑结果幻灯片。默认情况下，每个测验都有一张结果幻灯片，并在学习者完成测验时显示。要编辑或者删除结果幻灯片，单击该幻灯片即可。

（10）设置幻灯片属性。要定义测验标题、通过分数、计时器及问题的默认属性，单击工具栏的 属性 按钮。具体内容详见本章第六节的内容。

你也可以直接在问题列表中设置每个问题的试答次数和分值。只需单击你需要编辑的问题对应的尝试次数和分数列，然后输入具体的数值。

十一、锁定答案选项

你可以在单选题或复选题中设置随机答案选项，同时将某些答案选项锁定在同一位置。如果答案中存在类似"其他"或"以上所有选项都正确"的选项，该设置就很有用。这类选项通常固定在答案列表的末尾。你可以按照以下操作进行锁定：

（1）在问题列表中选择某个需要混排答案选项的问题。

（2）鼠标右击不参与混排的答案选项，再从快捷菜单中选择 锚选项 ，即锁定答案选项的位置，且不会与其他答案选项进行混排，操作如图 6-61 所示。

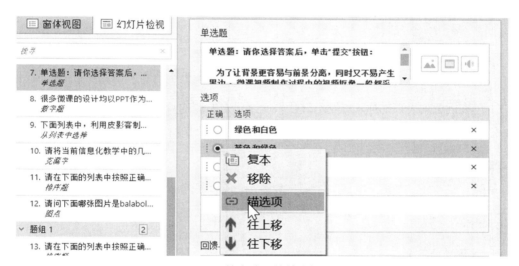

图 6-61　答案选项的锁定操作示意

（3）锚定的答案选项前会显示一个链接图标。你可以右击答案选项，在弹出的快捷菜单中选择 移除锚点 ，解除选项的锚定。

第三节　幻灯片类型

iSpring QuizMaker 9 除了可以在测验中添加问题幻灯片，可以在测验中添加没有任何内容的信息幻灯片、提供支持性信息的介绍幻灯片（包括标题幻灯片、学习者信息幻灯片、简介幻灯片）和结果幻灯片等几类幻灯片。

一、标题幻灯片

标题幻灯片在问题列表的顶部且不可移动,它一般是测验的第一张幻灯片,目的在于吸引学习者的注意力,概述要发生的事情。标题幻灯片可以包含培训说明、组织简介和其他相关信息。每个测验中只能有一张标题幻灯片。

(1) 要添加标题幻灯片,请在工具栏上选择 简介 → 标题幻灯片 ,如图6-62所示。

图6-62 标题幻灯片添加操作示意

(2) 在问题列表顶部插入标题幻灯片。通过单击右侧幻灯片选项中的 显示标题幻灯片 复选框,可以快速切换标题幻灯片的可见性,如图6-63所示。

图6-63 标题幻灯片的可见性操作示意

(3) 你可以在右侧的标题幻灯片窗格中输入标题和幻灯片的详细说明。

(4) 切换到 幻灯片检视 ,然后自定义标题幻灯片的外观。

(5) 如有必要,请添加其他诸如富媒体信息。图6-64是一个标题幻灯片范例。

利用 iSpring QuizMaker 9 创建交互式测验

图 6 – 64　幻灯片视图中的标题幻灯片设计效果

二、用户信息表单幻灯片

这类幻灯片用于在测验开始之前收集学习者信息。如果在测试属性中设置发送教师和学习者都能收到的测验结果信息，它们将显示在电子邮件中。

（1）要添加用户信息表单，请切换到 窗体视图 ，然后单击工具栏的 简介 下拉按钮。

（2）在弹出的下拉列表中选择 用户信息 按钮。

（3）在弹出的用户信息设置窗口中，设置学习者需要填写的用户数据字段，其中， 姓名 和 电子邮件 默认是强制询问，如图 6 – 65 所示。

图 6 – 65　用户信息幻灯片设置窗口

127

（4）运行测验。这时，学习者必须先填写姓名和邮箱才能进入后续的测验。图 6-66 是用户信息幻灯片运行效果。

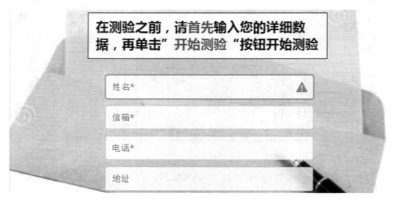

图 6-66 用户信息幻灯片运行效果示意

三、信息幻灯片

信息幻灯片是一张空白幻灯片，上面可以添加任何信息。信息幻灯片不包含问题和答案，也不会增加或扣除任何得分。你可以在它上面放置其他说明、解释错误的答案、总结和提供支持性信息等。添加信息幻灯片的步骤如下：

（1）在 窗体视图 模式下单击工具栏的 幻灯片信息 按钮，插入一张空白幻灯片。

（2）输入信息幻灯片的标题和描述。

（3）切换到 幻灯片视图 ，然后在 首页 菜单中单击 版面配置 按钮。

（4）在弹出的下拉菜单中为幻灯片选择一种版面布局方案。

（5）在 幻灯片视图 中自定义信息幻灯片的外观和风格。

（6）如有必要，添加需要的图片、音频或视频等媒体，效果如图 6-67 所示。

图 6-67 信息幻灯片运行效果示意

四、简介幻灯片

你可以在测试开始前放置一张如图 6-68 所示的简介幻灯片,让学习者为新测验任务做好准备。在计时测验中,学习者单击幻灯片的开始按钮后会倒计时。简介幻灯片上可以介绍测验涵盖的知识内容范围,允许的尝试次数和测验通过分数,以及如何浏览测验。例如,如何查看问题列表以及如何完成测验等。

图 6-68　简介幻灯片运行效果示意

你可以参考以下步骤为测验添加简介幻灯片。

(1)在工具栏的 简介 下拉菜单中选择 简介幻灯片 按钮,如图 6-69 所示。

图 6-69　简介幻灯片添加操作示意

(2)简介幻灯片将出现在左侧幻灯片列表中。你可以在如图 6-70 所示中的 窗体视图 模式下输入幻灯片标题和文本,并单击 添加音频 图标为幻灯片添加音频。

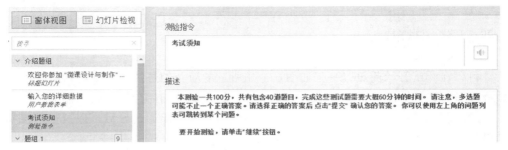

图 6-70　窗体视图模式下的简介幻灯片编辑窗口

（3）在如图 6-71 所示的 幻灯片检视 视图中，你可以排列幻灯片布局和添加各种对象。

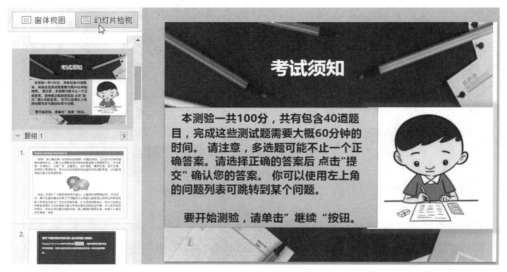

图 6-71　幻灯片监视视图中的简介幻灯片

五、结果幻灯片

结果幻灯片是创建测验或调查时自动在末尾添加的不可删除的一类幻灯片，学习者完成测验或调查时会看到它。其中，计分测验包含通过结果和失败结果这两张幻灯片，用于显示学习者得分和是否通过测验等信息，而调查问卷只有一张结果幻灯片。图 6-72 为一张设置好的测验通过结果幻灯片设置效果示意图。

图 6-72 测验结果成功的幻灯片设置示意

你还可以自定义结果幻灯片，鼓励测验失败的学习者或表扬测验成功的学习者。此外，你还可以配置结果幻灯片上的可用选项。测验失败结果幻灯片设置效果如图 6-73 所示。

图 6-73 测验失败结果设置示意

你可以参考以下步骤打开和编辑结果幻灯片：

（1）在测验问题列表末尾的 结果 题组中选择 测验结果 幻灯片，如图 6-74 所示。

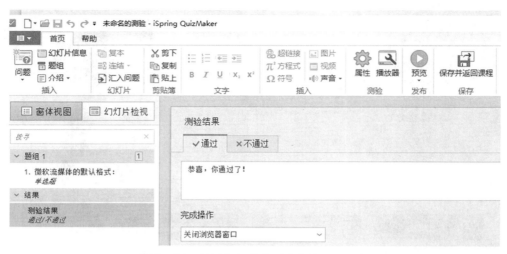

图6-74 结果幻灯片在测验中的位置示意

（2）在右侧结果幻灯片选项的 当测验完成时: 下拉列表中，选择学习者参加测验后会看到的内容，具体选项如图6-75所示。

a）显示幻灯片包含详细结果。对于计分问题，如果你想根据学习者的应答计算分值，请选择该选项。你也可以不在结果幻灯片中显示学习者分数。不过，无论你是否在此显示分数，分数都会传递到学习管理平台上。

b）显示幻灯片除了详细结果。当你不需要分数时可以选择该选项。调查问卷结果幻灯片只跟踪学习者是否完成调查问卷，因此适合该选项。

c）隐藏结果幻灯片。如果选择该项，会隐藏结果幻灯片。

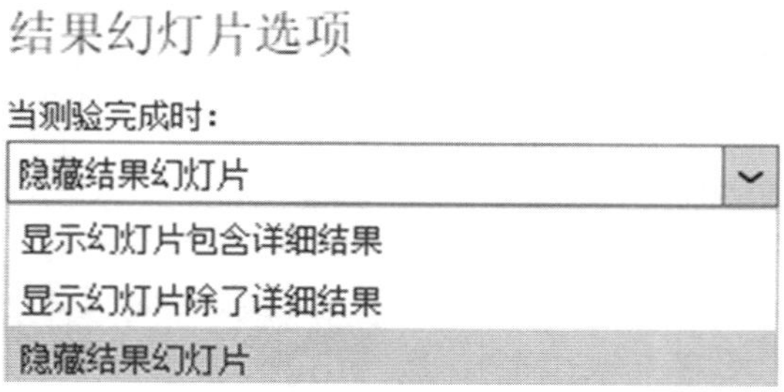

图6-75 结果幻灯片中的结果完成可用选项示意

（3）对于计分问题结果幻灯片，完成测验时的幻灯片选项如图6-76所示。

a）显示用户的分数。如果选择该选项，结果幻灯片中会添加一个显示学习者的分数和分数百分比的占位符。

b）显示及格分数。该选项会在结果幻灯片添加一个占位符，用于显示通过测试所需达到的百分数和具体分数。

c）允许学习者复习测验。该选项会在结果幻灯片中添加一个复习测验的按钮。学习者可以借助它复查自己的答案（但不会改变答案）。

d）显示正确的答案。该选项允许学习者复查答案时显示正确的答案。

e）显示详细的结果。选择此选项可显示结果幻灯片上的详细信息链接，单击它将显示学习者回答每个问题的具体情况。

f）按题组显示结果。选择该选项会按照题组分类统计测验问题结果。

g）允许用户打印结果。该选项会在结果幻灯片中添加打印结果的按钮，学习者可以通过单击该按钮打印自己的结果副本。

h）允许用户重试测验。该选项会在你的结果幻灯片中添加一个重试测验按钮。它允许学习者按照你在下拉列表中规定的试答次数进行重试。

图6-76　测验通过时的幻灯片结果选项

（4）对于调查问卷，对应选项如下：

a）允许用户复查测验。该选项会在结果幻灯片上添加一个复查测验按钮，允许学习者返回并回顾自己的答案选项。

b）允许用户打印结果。该选项会在结果幻灯片添加打印结果的按钮。这样学习者可以打印一份自己结果的副本。

（5）设置测验结束后的行为。选择学习者完成你的测验后的反应：

a）关闭浏览器窗口。

b）跳到某个 URL。直接引导学习者到文本域中设置的 URL。

c）不要显示"关闭"。选择该选项不会出现关闭对话框的按钮。

（6）设计结果幻灯片。在幻灯片视图中根据需要，向幻灯片添加富媒体资源。

第四节　幻灯片视图中的设计问题

为了让测验更具吸引力，幻灯片视图允许你设置幻灯片布局。自定义幻灯片内容，包括插入富媒体对象和应用动画效果，进而完整地控制幻灯片外观。这部分内容和幻灯片中的操作类似，所以这里主要介绍如何在幻灯片视图中管理布局、管理主题等内容。

一、管理布局

布局定义了问题幻灯片上显示内容的位置。每个布局都由问题、答案选项和媒体资源这几个模块构成。方便起见，对象周围的可拖动边框仅在编辑时可见，不会出现在发布的测验中。iSpring QuizMaker 9 内置了 8 种布局。你可以选择适合自己测验的内置布局，也可以创建自定义布局。不同题型的布局可能不同。其中，介绍幻灯片、结果幻灯片、说明幻灯片、图点题仅适用于有限的内置布局。你可以借助以下步骤，修改问题的版面布局：

（1）选择需要应用布局的一张或多张问题幻灯片。

（2）单击首页菜单中的 版面配置 按钮，弹出如图 6-77 所示的版面布局列表。

（3）单击需要的布局缩略图，幻灯片自动按照选定布局组织版面和媒体资源。如果问题中有横屏图片和四个答案选项，建议使用内置的水平两列布局。

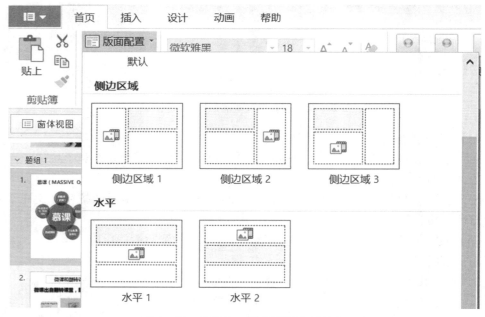

图 6-77　问题幻灯片的版面布局示意

（4）创建自定义布局。如果没有合适的标准布局，你可以通过移动和调整对象和文本模块的大小，或者通过改变答案选项列数的方式，创建自定义布局。

（5）如果单击如图 6-78 所示的 重置 按钮，会重置文本模块和媒体资源布局。

图 6-78　版面配置窗格中的重置按钮位置示意

（6）设置答案栏数。单选题、复选题和判断题的答案默认为一栏，你可以参考图 6-79，选择对应的问题幻灯片后，再从 答案栏 中选择对应的列数。

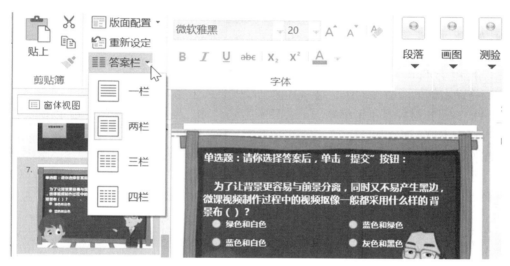

图 6-79　问题幻灯片答案栏数设置示意

二、设置主题

设计精良的幻灯片在视觉上更具吸引力，能更好地吸引和维持学习者的注意力，而且更加耐看和专业，有助于让学习者相信课程内容创建者了解学习内容。演示文稿的主题和风格可用于帮助创建统一的幻灯片。iSpring QuizMaker 9 中的主题与此相似，但和演示文稿中的主题不一样，而且不能导入演示文稿中。

iSpring QuizMaker 9 提供了一个设计主题库供你选择，你可以选择自己喜欢的标准主题，并将其应用到所选择的幻灯片中。你可以修改和保存主题。

如果要修改主题，请执行以下步骤：

（1）切换到 幻灯片视图 ，再单击菜单栏的 设计 菜单。

（2）单击 主题 下拉按钮，弹出如图 6-80 所示的主题列表，从中选择对应的主题缩略图。

图6-80　测验中内置的主题缩略图

（3）由于iSpring QuizMaker 9提供的主题超出了显示区域，如果要访问其他主题，请上下拖动右侧的竖直滚动条，显示其他已经安装的主题。

（4）将鼠标悬停在主题缩略图上会显示主题名称，要将主题应用于选定的幻灯片，请单击相应主题。

此外，iSpring QuizMaker 9还提供了多个预设形状样式，帮助你快速格式化插入的形状、字幕或文本框。因为这部分和Office中对象样式的修改操作非常类似，所以这里不再赘述。

三、自定义内容

iSpring QuizMaker 9允许你在问题幻灯片中插入音/视频等富媒体对象。这里以添加图片为例介绍添加自定义内容的方法。由于幻灯片视图提供了更多格式选项，因此建议在此视图中添加幻灯片内容。这里以添加图片为例介绍添加自定义内容的具体操作步骤。

（1）在问题列表中选择需要添加图片的幻灯片。

（2）在菜单栏中选择 插入 → 图片 按钮。

（3）在弹出的打开文件窗口中选择需要的图片文件，然后单击 打开 按钮。

（4）如果想同时插入多张图片，请在选择图片的同时按下 Ctrl 键。

（5）如有必要，你可以将图片拖动到新的位置或调整它的大小。

QuizMaker 9还提供了以下多种设置图片和人物属性的方法：

（1）在 幻灯片检视 视图中，双击你打算进行格式操作的图片。

（2）单击菜单栏的 格式 菜单，打开如图6-81所示的格式功能区。

图 6-81 测验的格式功能区

（3）如果希望改换图片，请单击 改变图片 按钮，并用选取的图片代替当前图片，你应用到原始图片的任何效果和动画会自动应用到新图片上。

（4）选择图片风格。在图片风格列表中选择需要的图片风格，将它用于选定图片。

（5）如果要给所选图片应用轮廓效果，请单击 图片轮廓 按钮。

（6）如果要设置轮廓颜色，你可以用 滴管 在图片中选择轮廓颜色。

（7）你还可以选择 宽度 和 虚线 菜单项，设置轮廓的线宽和线型，如图 6-82 所示。

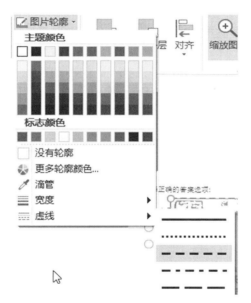

图 6-82 轮廓的线宽和线型设置示意

（8）单击 图片效果 ，应用一个阴影、发光或者柔化边界。

（9）设置图片的排列效果，其中：

a）前移一层 。选择此选项可将对象向前移动到幻灯片的上一个图层。

b）置于顶层 。选择该按钮会将对象放置在幻灯片最顶层。

c）后移一层 。单击此选项可将对象在幻灯片图层中后移一层。

d）置于底层 。单击该按钮将把对象移至幻灯片最后一层。

（10）设置图片的对齐效果。单击 对齐 下拉菜单，选择对象之间的对齐方式。iSpring QuizMaker 9 提供了左对齐、右对齐、居中对齐等多种对齐方式。

（11）如果缩放了幻灯片中的图片，可以单击 缩放图片 对图片进行调整。如果你插入 500 像素 ×500 像素的图片后将它缩小为 250 像素 ×250 像素，缩放图标可以按照 500 像素 ×500 像素显示图片。

（12）如果单击 裁剪 按钮，会在图片周围出现裁剪手柄，拖动裁剪手柄改变图片尺寸，再单击图片外部或按键盘上的逃逸键即可完成裁剪操作。

此外，你还可以在测验幻灯片中添加人物，添加和格式文本，插入文本框、超链接和各种字符，如版权符号等。由于这些操作与在 PPT 中的操作非常类似，这里不再赘述。

四、设置测验中题组的随机显示

你不仅可以随机显示一个题组中的问题，还可以随机显示测验中所包含的不同题组。你既可以让测验显示所有题组，也可以设置随机显示的题组数。你还可以设置测验中包含的题组数量及每个题组显示在测验中的问题数量，相关内容见"测验属性"一节。

第五节　题　　组

测验问题可以按照题型、主题、章节、知识点、难度等属性放置在不同题组中，从而让问题更有逻辑性，让测验的组织更加方便。你可以让测验在每次运行时随机显示所有题组的问题，也可以让所有题组的问题按照固定顺序显示，甚至为不同题组设置不同的显示规则。你可以设置每个题组在测验中显示的问题数量，你也可以锁定问题在题组中的位置。

一、题组管理

（1）添加题组。请单击图 6 - 83 工具栏的 题组 按钮，左侧的问题列表会自动添加一个新的空题组。你可以向题组中添加问题、复制并调整问题的设置。

图 6 - 83　测验的题组添加按钮位置示意

（2）要向题组中添加问题，请先单击 问题 下拉按钮，在弹出的题库列表中选择插入的题型，即可将问题插入选定题组中。

（3）要复制题组，请在问题列表窗格中右击该题组，在弹出的快捷菜单中选择 复本 菜单项，在所选题组下方复制该题组的副本。

（4）修改题组名称。要修改题组名称，请在左侧单击题组名称，再在右侧输入新的名称，即可自动替代左侧的相应题组名称，如图6-84所示。

图6-84 测验题组的修改操作示意

（5）要移动题组，你可以通过拖动列表中的题组，或者使用快捷菜单中的 往上移 和 往下移 菜单项，调整题组的排序。

（6）要删除题组，请先选择题组，再在键盘上按下 Delete 键，或者使用快捷菜单中的 移除 菜单项， 删除 不需要的题组，具体操作如图6-85所示。

图6-85 测验题组的删除

（7）折叠或展开题组。要折叠一个展开的题组，单击它左边标头的 V 图标；要展开一个已经折叠的题组，单击左边标头的 > 图标。

二、设置题组中问题的随机显示

在组织题组时，你希望测验在运行时显示选定题组中的问题吗？如果是，是显示题组中的所有问题还是限定显示的问题数量？是按照固定顺序还是随机显示题组问题？借助题组的随机显示功能，测验运行时的题组问题存在以下三种显示可能：

（1）同一题组中的所有问题按照固定顺序显示。
（2）同一题组中的所有问题均以随机顺序显示。
（3）同一题组中随机选择设置数量的问题显示。

要启用题组中问题的随机显示设置，请按照以下步骤进行操作。
（1）在问题列表窗格中选择一个题组，会在右侧显示如图 6-86 所示的题组选项窗格。

图 6-86　问题列表窗格总的题组选项窗格

（2）在题组选项窗格中选择以下任意一个选项：
a）包括题组中的全部问题。题组中所有问题按照固定顺序在测验中显示。
b）选择随机问题，且不修改右侧的随机问题数量。同一题组中的所有问题均以随机顺序的形式显示。
c）选择随机问题，且在右侧问题数量下拉列表中选择显示的问题数量。题组中设置数量的问题将以随机顺序的方式呈现给学习者。
d）不要使用题组的问题。题组中的任何问题都不会出现在测验中。

注意：题组中的随机化问题不适合信息幻灯片。如果题组中有的问题设置了分支选项，问题的随机设置可能会影响分支设置。因此，将分支设置与随机化处理结合使用时要小心。

第六节　设置测验的属性

测验的属性包含主要属性、通过分数、问题属性、问题列表等属性，你可以根据需要，自定义测验的相关属性和参数。

一、主要属性

主要属性窗口可以设置测验标题、幻灯片尺寸和测验时限。操作步骤如下：

（1）单击工具栏上的 属性 按钮，弹出如图 6-87 所示的包含主要属性、测验得分、问题属性、问题列表和报告这五个选项卡的测验属性窗口。

（2）设置测验标题。默认情况下，测验标题和项目文件名相同。你可以在此输入其他名称，改变显示中学习者播放器上的标题名，但不会改变项目文件名。

（3）设置幻灯片大小。 幻灯片尺寸 下拉列表提供了以下几个选项供你选择：

a） 默认 4：3 的宽高比，演示文稿最终需要通过投影设备呈现，目前主流投影设备和演示文稿的默认宽高比均为 4：3，对应的测验宽高为 720 像素×540 像素。

b） 默认 16：9 的宽高比，尺寸为 960×5400，该尺寸在台式机和移动设备上显示效果良好，在 16：9 宽屏上投影效果更好，但在 4：3 的幕布上投影出来会缩小和降低演示效果。

c） 默认 16：10 的宽高比，尺寸为 960×600，它的显示高度比 16：9 稍高。

d） 自定义 ，该选项允许你在宽度和高度字段中输入具体数值。

幻灯片宽高比选择会影响版式设计：16：9 的幻灯片大小中，横向排版更常见；宽高比为 4：3 的幻灯片中，纵横两个方向比较均匀。如果要打印幻灯片讲义，建议选择 4：3 的宽高比；如果要制作视频，建议选择 16：9 的宽高比。

图 6-87 问题幻灯片大小设计示意

（4）设置时间限制。如果想为测验设置答题时限，请选择 完成测验的时间 复选框，并在右侧字段中输入具体的时间限制。这时，学习者答题时会显示一个倒计时时钟，同时还会发生以下事情：

a） 发布的测验右上角会显示红色的计时器时钟。

b） 对于计分问题，任何没有回答的问题都会被标识为不正确。

c) 如果学习者未能在规定时间内完成测验，会看到一个与图 6-88 右侧类似的信息。你可以在测验播放器的文本标签窗格中的 测验超时-警告文本 字段中定义这个信息。

图 6-88　问题幻灯片倒计时信息窗示意

二、设置测验分数

你可以按照以下步骤，在如图 6-89 所示的测验得分选项卡中设置通过分数及要求。

图 6-89　测验分数设置示意

（1）得分类型。你可以在此选择如下两种评分类型：

a）依通过分数。该选项会设置测验通过分数并激活下面的通过要求窗格。

b）无。你可以创建不评分的知识检查和调查。参加测验时，学习者在结果幻灯片上看不到任何分数信息或最终得分。

无论选择哪种得分类型，都可以在测验中添加计分题和调查问题。

（2）针对计分问题，你可以在通过要求窗格中选择以百分比或分数为单位对测验打分，并设置最低及格分数。你可以使用向上和向下箭头调整得分。

三、设置问题属性

问题属性选项卡允许你设置问题的默认属性，如正确答案和错误答案的分数、反馈消息和其他限制。

（1）在分数窗格进行如下设置：

a）正确答案的得分。设置每个问题的分值。

b）错误答案的扣分。设置从学习者所获总分中减去的分值。

c）每次尝试作答后减少问题的得分。如果允许多次试答问题，可以设置从第二次试答开始，每次问题减少的分值。

d）未回答的问题使用扣分。对学习者未选择答案的问题扣除相应分值。

（2）在限制窗格进行以下设置：

a）尝试次数。设置允许学习者尝试每个问题的次数上限。

b）限制回答问题的时间。选中此复选框可设置回答问题的时间限制。

c）随机答案选择。选择该复选框后，可以随机重排测验中的答案选项。

d）接受部分正确答案。选中该选项允许接受部分正确答案选项并提供相应的反馈。

e）允许用户跳过问卷调查。该选项允许学习者跳过正在回答的调查问题。

（3）在回馈窗格进行如下设置：

a）显示有计分的测验的回馈。选中该选项会向学习者提供计分问题的反馈。

b）显示问卷调查的回馈。选中该选项会给学习者提供调查问题的反馈。

（4）以下选项用于配置学习者回答问题后可以显示的反馈窗口：

a）正确。在文本字段中键入答案正确时要显示的默认消息。

b）错误。在文本字段中键入答案错误时要显示的默认消息。

c）部分答案是正确的。键入部分答案正确时会显示的反馈信息（如克漏题、排序题、图点题、配对题、填空题、拖曳题等题型）。

d）再试一次。键入学习者答错时要显示的默认信息以及剩余的尝试次数。

e）已作答。设置学习者回答问题后的默认反馈文本。

（5）单击 储存 按钮，完成相应问题属性设置的改变，具体操作如图6-90所示。

图 6-90　问题属性设置窗口

四、设置问题列表

问题列表主要设置测验中所使用的问题列表，主要包括测验中问题来自的题组和题组中所调用的问题。iSpring QuizMaker 9 可以随机给学习者呈现测验问题，实际的测验版本可能包括：题组中的所有问题都按照固定顺序排列、以随机顺序从多个题组中选取所有问题、从设置题组中随机选取设置数量的问题。

设置测验问题列表的具体步骤如下：

（1）在测验的属性窗口打开问题列表窗格。

（2）在测验中包含的问题窗格中，选择下面任意一个选项：

a）来自所有题组的问题。选择该选项后，测验运行时会显示所有题组中的问题。

b）来自随机题组的问题。如果选择该选项，请在右侧列表中设置要出现在测验中的题组数量，并在下面的题组名称窗格中设置要出现在测验中的具体题组。这样，测验在正式运行时会从选定题组中随机选择设置数量的题组，并加载选定题组中的所有问题。例如，假设某个测验包括 4 个题组，而你在题组名称列表中勾选了 3 个题组，来自随机题组的问题下拉列表中选择2/3，测验运行时会从选定的 3 个题组中随机抽取其中 2 个题组。这时，请参考图 6-91 进行设置。如果不同题组的问题数量不同，测验在每次运行时加载的问题数量可能不同。

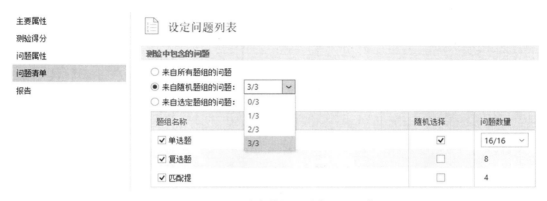

图 6-91 测验中的问题列表设置示意

c）来自选定题组的问题。选择该选项后，测验运行时会加载选择的题组。如图 6-92 所示。

图 6-92 选定题组的问题设置操作示意

（3）随机选择。如果选择该选项，测验会从加载的题组中随机选择问题。

（4）问题数量。如果启用随机选择，你可以在此设置测验运行时所选择的题组中将要加载的问题数量。

（5）在测验中随机问题。如果选择该选项，测验每次运行时的问题答案选项显示顺序都会重新排列。这个操作有助于防止学习者猜题。

五、报告测验结果

QuizMaker 9 可以将测验结果发送到师生的电子邮件地址或 Web 服务器，同时提供以下简化版和拓展版测验报告供你选择：

a）简化版提供学习者成绩的基本信息，如测验完成时间、分数和问题列表。它的显示效果如图 6-93 所示。

图 6-93 简化版测验结果报告页面

b）详细版包括回答每个问题的一般信息和详细信息，如图 6-94 所示。

图 6-94 详细版测验结果报告页面示意

你可以参考以下步骤,在测验完成后发送成绩到设置的教师电子邮件地址。

(1) 首先,如图 6-95 所示,单击工具栏上的 简介 下拉按钮,再选择 用户信息,将带有用户信息的幻灯片添加到简介组幻灯片列表中。

图 6-95　测验中添加简介组幻灯片操作示意

(2) 弹出的用户信息幻灯片包含一个用户数据表单,用于在测验开始前收集用户信息。请确保 用户字段 和 电子邮件 字段条件设置为 强制。

(3) 单击工具栏上的 属性 按钮,在弹出的对话框中选择 报告 选项卡。

(4) 弹出图 6-96 的报告测验结果窗口,选中 传送报告给教师 选项,并在右侧字段中输入一个或多个电子邮件地址,用于接收测验结果。如果将发送给多个收件人,邮件地址用逗号分隔(如 email1@126.com,email2@126.com)。

图 6-96　传送测验结果报告给教师设置窗口

(5) 你可以从 测验时发送 下拉菜单中的通过、通过或失败、失败三个选项中选择发送测验结果的条件,默认是测试 通过或失败 时。如果只想接收成功的结果,请选择 通过 选项。

(6) 传送报告给用户的电子邮件。选择该选项会向用户发送测验结果。如果想了解更多关于向学习者发送测验结果的信息,请浏览 http://www.iSpringsolutions.com/articles/how-to-send-quiz-results-to-quiz-taker.html。

(7) 如果选择 用户的答案 和 正确答案 的报告,会同时显示用户答案和正确答案。

(8) 你还可以通过设置汇报标题来源、主题和评语,为学习者提供相关的反馈文本。

(9) 选中 传送测验结果至服务器 复选框,可将测验结果自动发送到服务器。有关更多信息,可以查看如何将测验结果发送到服务器的文章链接。注意:如果选择此选项,会在测验开始时提示学习者输入个人电子邮件和姓名。

(10) 执行 JavaScript:当学习者完成问题时,执行学习者定义的 JavaScript。

第七节 测验的预览和发布

一、测验的预览

你可以预览测验、特定的问题或问题组及其在客户端的显示效果。

(1) 要预览测验,请单击测验工具栏的 预览 按钮。

(2) 弹出如图 6-97 所示的预览下拉菜单,从中选择以下任意一个选项:

a) 预览此问题。选择该选项会预览选定的幻灯片。
b) 预览此问题组。预览选定幻灯片所在的问题组。
c) 预览测验(键盘上的 F5)。

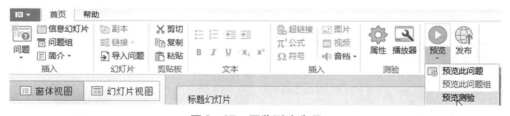

图 6-97 预览测验选项

(3) 你可以单击问题列表中的问题或问题组,再选择 预览幻灯片 或 预览此问题组。

(4) 选定的问题幻灯片、问题组或测验会在如图 6-98 所示的新窗口中打开。

(5) 单击工具栏中的电脑、平板电脑或智能手机按钮,预览测验在不同设备中的外观。

(6) 你还可以单击 编辑幻灯片 按钮,返回问题幻灯片进行必要的修改。

(7) 要从头开始预测,请单击 回放 按钮。

第六章 利用 iSpring QuizMaker 9 创建交互式测验

图 6-98 测验问题的预览窗口

二、测验的发布

你可以为设计好的测验设置输出选项，将它发布为 HTML5 格式。

（1）单击工具栏的 发布 按钮，打开如图 6-99 所示的发布测验窗口。

（2）设置测验发布的目标选项。发布测验窗口提供了以下目标选项。

a）我的计算机。该选项可以将输出的测验资源保存在本地磁盘、学校或组织内部网络上，还可以通过 Internet 进一步分发。

b）LMS。选择此选项将把测验上传到 LMS（学习管理平台）。

c）Word。此选项允许你将测验保存为 Word 文档。

图 6-99 测验的发布窗口

149

（3）设置输出选项。如果你在发布演示文稿时需要设置某个输出选项，请浏览发布测验窗口上的以下选项卡：

a）尺寸。选择演示文稿在浏览器中的行为方式。包括显示大小，以及是根据浏览器窗口大小还是按百分比缩放演示文稿。

b）品质。改变添加到演示文稿中的图片、音频和视频文件的质量设置。质量越高，发布的演示文稿越大。

c）格式。将测验发布到 Word 时，你可以选择带有答案的书面形式和不带答案的题目两种格式。

d）打印版面布局。若将测验发布到 Word，可以选择输出文件是否包含幻灯片屏幕截图。

e）LMS 设置文件。该选项允许你自定义与特定 LMS 兼容的测验。

更详细的发布设置及其选项含义，详见"发布"这一章的内容。

第八节 小　　结

本章介绍了如何在 iSpring QuizMaker 9 中创建计分测验和调查问卷。首先介绍了如何启动和保存测验，然后介绍了如何在窗体视图和幻灯片视图中管理各类问题幻灯片，包括添加各类问题幻灯片、导入问题、设置幻灯片属性、设置反馈、应用罚分、连结问题、管理问题列表和锁定答案选项等。本章介绍了测验中的几类幻灯片，如何在幻灯片视图中设计问题幻灯片，以及如何通过题组管理问题幻灯片。本章也介绍了如何设置测验的属性、预览和发布设计好的测验等内容。

第七章　利用 iSpring Visuals 9 创建互动式模块

iSpring Visuals 9 主要用于添加互动模块，从而使数字化学习资源摆脱 PPT 的外观。iSpring Visuals 9 可以独立运行，但主要还是用于创建能集成到 iSpring Suite 9 中使用的互动内容。借助互动模块，你可以将计划、指南、目录、招聘流程、活动进程、标志性事件、复杂设备的配置操作等转换为 HTML5 格式的互动培训课程。你可以选择需要的互动模块类型，添加文本和多媒体等内容。这些互动模块相互独立，不需要使用 iSpring Suite 9 进行整合。本章主要介绍如何在 iSpring Visuals 9 中创建流程类、注释类、目录类和阶级类互动模块。

第一节　快速开始 iSpring Visuals 9

要快速开始 iSpring Visuals 9，请参考以下步骤进行操作：
（1）在如图 7-1 所示的快速开始窗口中单击 互动模块 ，切换到互动模块窗口。
（2）在弹出的互动模块库窗口中，根据需要选择以下任意操作。
a）单击 新建互动模块 按钮，弹出如图 7-1 所示的新建互动模块窗口。
b）在"最近使用的互动模块"窗格中，会列出最近使用的互动模块列表。单击浏览按钮会启动 Windows 资源管理器并在电脑上查找已有的互动模块。
c）单击 浏览互动示范 链接，会打开如图 7-2 所示的带有互动模块范例的浏览器窗口。你可以在线查看它们或将源文件下载到电脑中。
（3）根据需要选择一个互动类型，单击如图 7-1 所示的 建立互动模块 按钮，启动 iSpring Visuals 9 编辑窗口。接下来，向你介绍如何在 iSpring Visuals 9 编辑窗口中创建和编辑互动模块。

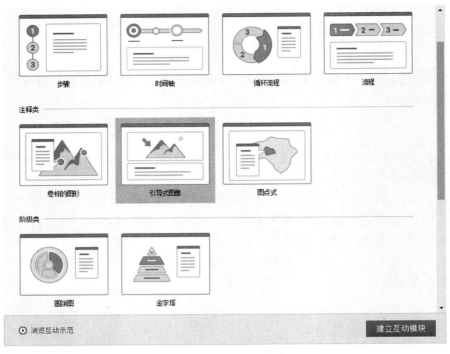

图 7-1 新建互动模块窗口

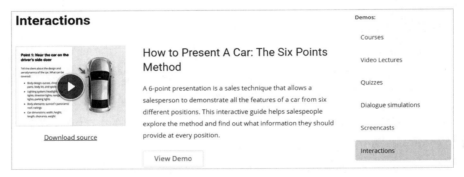

图 7-2 单击浏览互动示范链接打开的范例窗口

第二节 创建互动模块

iSpring Visuals 9 提供了流程、注释、阶级和目录四大类模块。其中,流程类的模块包括步骤、时间轴、循环和流程这 4 种,注释类模块包含卷标图形、引导式图像和图点式这 3 种,阶级类的有圆饼图和金字塔这 2 种模块,目录类模块有字汇表、图卡目录、常见问题、百叶窗和标签 5 种,总计 14 种模块。总体而言,除了标记的图形和词汇表交互模板,其他所有类型的互动模块的创建过程都很类似。下面分类介绍

利用 iSpring Visuals 9 创建互动式模块

iSpring Visuals 9 中互动模块的创建方法。

一、创建流程类互动模块

流程类互动模块让学习者执行一系列步骤，并提供有关每个步骤的信息。因此，它适用于有关如何完成任务的说明，每个步骤都可以按顺序完整显示。处理其他类型互动模块的差异主要在于信息的可视化表征方式的不同。iSpring Visuals 9 中包含步骤互动模块、时间轴互动模块、循环互动模块和流程互动模块这四类流程类互动模块。这里以添加步骤互动模块为例讲解流程类互动模块的创建方法。

步骤互动的实质是通过上一页、下一页按钮激发一组幻灯片，其中每个步骤都会打开一张带有标题和内容的幻灯片。它允许你创建特定使用流程、程序操作说明或算法的执行顺序等。下面以在 PPT 中插入 Flash 动画的操作步骤为例，介绍步骤互动模块的创建方法。

（1）在如图 7－1 所示的新建互动模块窗口中，选择 步骤 互动模块按钮。

（2）单击 建立互动模块 按钮，会打开如图 7－3 所示的步骤互动模块编辑窗口。

（3）左侧步骤列表可用于选择步骤，其中 简介 和 摘要 可选。为了让学习者在进入互动模块前对背景有所了解，建议选择 简介 复选框并修改默认文本。

图 7－3　步骤互动模块编辑窗口

（4）选中右侧编辑区中默认占位符文本为"简介"的标题，然后输入和内容相符的新标题——"在 PPT 中插入 Flash 动画"，如图 7－4 所示。

图 7－4　步骤互动模块的标题编辑窗格

（5）在简介窗格中输入步骤互动模块的描述文本。

（6）如果你还需要在描述区域添加其他内容，请先用鼠标单击该描述窗格。

（7）单击 插入 菜单，在图7-5所示的下拉列表中插入需要的富媒体资源。

图7-5 互动模块的插入菜单

（8）编辑文本。请先选择要编辑的文本，再单击 文字格式 菜单，如图7-6所示。根据需要，调整文本的样式、字体、字号、颜色、段落对齐和缩进等格式。

图7-6 互动模板中文字的格式菜单

（9）如果需要添加新步骤，请先在工具栏选择 步骤 → 添加步骤 ，会在左侧的步骤列表中添加一个新的空白步骤。操作如图7-7所示。

图7-7 互动模板中文字的格式菜单

（10）采用和编辑简介相同的方法，在编辑区中输入步骤标题和描述内容。

（11）如果要调整某个步骤的顺序，请选择下面任意一种方法：

a）使用鼠标左键选择并拖曳要调整顺序的步骤至期望的新位置，当目标位置出现水平线条时释放鼠标左键，即可将步骤放置在目标位置，如图7-8所示。

b）右击要调整顺序的步骤，在弹出的快捷菜单中选择 上移 和 下移 菜单项。

c）如果要移动多个步骤，请按住 Ctrl 键，再选择要调整的步骤。

图 7-8　步骤的移动操作示意

（12）复制步骤。请在步骤列表中右击该步骤，弹出如图 7-9 所示的快捷菜单，从中选择 复本 菜单项，会在该步骤下面克隆一个具有相同名称和描述的步骤。

图 7-9　步骤的复制操作示意

（13）如果想删除某个步骤，在左侧步骤列表中选择该步骤，单击如图 7-10 所示的工具栏的 删除 按钮或如图 7-9 所示的快捷菜单中的 删除 ，或按下键盘上的 Delete 键。

图 7-10　互动模块中步骤删除操作示意

（14）如果需要，在步骤列表中勾选 摘要 ，并设置标题和添加内容，如图 7-11 所示。

图 7-11　互动模块中摘要的编辑操作示意

（15）你还可以通过流程类互动模块的属性窗口，修改步骤互动模块的属性。

a）单击工具栏的 属性 按钮，弹出属性设置对话框。

b）在标题字段中输入互动模块的标题。

c）单击 步骤位置 下拉菜单，弹出图7-12所示的下拉菜单选项，你可以从 左侧 、顶部 、底部 这三个选项中，设置流程互动模块在幻灯片中的位置。

图7-12　流程在幻灯片中的位置设置示意

d）根据需要，你可以在图7-12所示的 编号格式 下拉列表中选择一种编号类型，步骤模块会使用所选择的编号格式显示：阿拉伯数字（1、2、3等）。拉丁字母（A、B、C等）。罗马数字（Ⅰ、Ⅱ、Ⅲ等）。

e）在 文本动画 下拉列表中，选择是否给文字设置动画效果。

f）如果希望为学习者提供导航控制按钮，请勾选 显示导航按钮 复选框。

（16）设置完成后，请单击 应用并关闭 按钮，返回互动模块编辑窗口。

（17）单击工具栏的 预览 按钮，查看模块的设计效果。

（18）单击 发布 按钮，将模块发布为HTML5格式的数字化学习资源。

二、创建注释类互动模块

iSpring Visuals 9 提供了卷标的图形、引导式图像、图点式这三种在学习中具有重要作用的注释类互动模块。下面以创建卷标的图形为例，介绍这些模块的使用方法。卷标的图形互动模块使用标签标记图片。单击标签会显示设置图片区域的详细介绍信息。这个功能在很多时候都很有用，如识别复杂机器的部件、提供有关组件的其他信息或使用信息突出显示照片的细节等。这里以制作一个包括耳廓、外耳道、鼓膜、听小骨、耳蜗和听觉神经 6 个标签在内的耳朵结构为例，介绍卷标的图片互动模块的使用方法：

（1）在新建互动模块窗口中选择 卷标的图形 按钮，再单击 建立互动模块 按钮，弹出如图 7-13 所示的卷标的图形互动模块窗口。

（2）窗口右侧会显示如图 7-13 所示的卷标的图形模块缩略图，背景中会显示默认图片。要修改默认图形，请在缩略图下面选择 改变→从档案… 或 从剪贴板 命令，加载修改的背景图片。

图 7-13　卷标的互动模块窗口默认设置示意

（3）你也可以在如图 7-14 所示的工具栏中选择 标记的图形→变更图片，打开标准的 Windows 文件对话框，通过该对话框导入一张新图片。

图 7-14　变更图形操作示意

（4）默认情况下，该互动模块会在屏幕中添加 3 个标签，未选择的标签以黑色标示，选择的活动标签以白色标示，如图 7-15 所示。

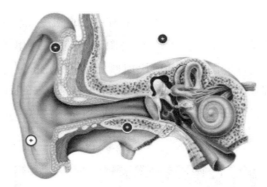

图7-15　图形中的未选择标签和活动标签示意

(5) 如图7-16所示，单击工具栏的 添加标签 按钮，向图片添加一个新标签。

图7-16　图形中的标签添加操作示意

(6) 新标签将出现在图片和标签列表中。你可以在屏幕中将标签移动到需要的位置。

(7) 每个标签都有标题和描述，如图7-17所示。你只需单击左侧标签列表中对应的标签选项卡，然后在窗口中央编辑区中输入标签的标题和描述文本。

图7-17　标签的标题和描述编辑示意

(8) 你还可以将光标放入标签说明区域，然后在 插入 菜单中选择需要插入的内容。你可以插入图片、视频、音频、富文本、人物角色、背景或对象等。

(9) 修改标签样式。你可以在 标记的图形 工具栏中，单击 标记样式 下拉按钮，弹出如7-18所示的下拉菜单，从数字、箭头或其他样式中选择一种标记样式。

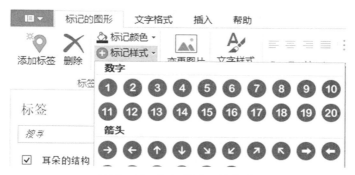

图 7-18　标记样式下拉菜单

（10）你还可以参照流程点互动模块中的方法修改标签的颜色。

（11）你还可以对选定的步骤执行复制、删除、调整顺序等操作。

三、创建阶级类互动模块——以添加圆饼图互动为例

圆饼图互动模块可用于表征一个循环的同心圆图形中的对象和概念之间的关系。该图可用不同颜色标示步骤。你可以借助该互动模块展示迭代过程，或向员工介绍公司品牌的使命和价值观。添加圆饼图互动模块的步骤如下：

（1）在新建互动模块窗口中，选择 圆饼图 互动模块按钮。

（2）要设置圆饼图在幻灯片中的位置，请单击工具栏的 属性 按钮，如图 7-19 所示。

图 7-19　圆饼图属性按钮位置

（3）在弹出的属性窗口中单击 圆饼图位置 下拉列表，从弹出的下拉列表的 靠左 和 靠右 选项中进行选择。操作和其他互动模块完全相同，这里不再赘述。

（4）单击工具栏上的 应用 & 关闭 按钮保存修改。

（5）添加阶层。单击 添加阶层 ，会在阶层列表中添加一个新阶层，如图 7-20 所示。

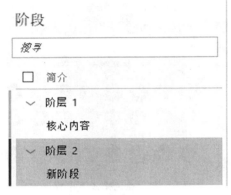

图 7-20 添加阶层操作示意

（6）添加阶段。请选择要添加阶段的阶层，再单击工具栏上的 添加阶段 按钮。新的阶段将显示在左侧的阶段列表中，如图 7-21 所示。

图 7-21 添加阶段操作示意

（7）输入阶段的标题和说明，学习者在此阶段幻灯片上会看到它们，如图 7-22 所示。

图 7-22 阶段的标题和说明编辑操作示意

（8）你可以在阶层缩略图中通过双击阶段的方式修改阶段的标题，如图7-23所示。

图7-23 阶层缩略图中修改标题操作示意

（9）在弹出窗口中输入新标题。它可能与文本编辑区域中输入的阶段标题不同，如图7-24所示。

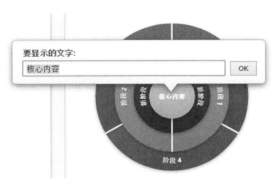

图7-24 新标题的修改操作

（10）你还可以选择 插入 菜单，为阶段说明添加富媒体或背景等对象，如图7-25所示。

图7-25 阶段说明信息添加操作示意

（11）要修改阶段颜色，请在阶段列表中选择它，再单击工具栏上的 阶层颜色 按钮，在主题颜色窗口中选择一种默认颜色。

（12）如果要旋转阶层，请选择该阶层，然后单击工具栏上的 旋转阶层 按钮，选择顺时针或逆时针方向旋转阶层及旋转角度，如图 7-26 所示。

图 7-26　旋转阶层操作示意

（13）你还可以对选定的阶层和阶段执行复制、删除、调整顺序等操作。

四、创建目录类互动

目录类互动也很重要，你可以借助这类互动模块对术语、词汇或具有类似性状的东西进行快速归类。目录类互动模块包括字汇表、图卡目录、常见问题、百叶窗和标签这五种互动模块，这里以字汇表图卡目录为例加以讲解。

（一）创建字汇表

通过字汇表互动模块，你可以轻松创建一组术语、参考书目或导航目录。例如，你可以构建一个与在线学习相关的概念目录，让学习者沉浸在主题学习中；如果你所在机构打算组建远程学习部门，你可以准备数字化学习术语表，以便员工使用相同术语进行交流。这些词汇表条目可在一张幻灯片中发布。由于字汇表是带有定义或解释的词语列表，因此，要创建字汇表互动模块，你需要先创建字汇，请按照以下步骤进行操作：

（1）选择 新建互动模块 → 字汇表 → 建立互动模块 按钮，新建字汇表互动模块。

（2）单击工具栏上的 添加词语 按钮，如图 7-27 所示。

图 7-27 字汇表互动模块工具栏的添加词语按钮

（3）屏幕右侧是定义词语的地方。请在带有词语序号的标签中输入词语名称。词语的定义则录入 在此输入您的词语定义 占位符中。

（4）你可以在词语定义中输入文本，添加图片、视频或音频等对象。

（5）你还可以在模块中对选定的词语执行复制、删除、调整顺序等操作。

（6）要添加摘要，请选择左侧对应的 摘要 复选框，再对内容进行编辑。

要设置字汇表属性，请按照以下步骤进行操作：

①请单击工具栏上的 属性 按钮，弹出图 7-28 所示的属性窗口。

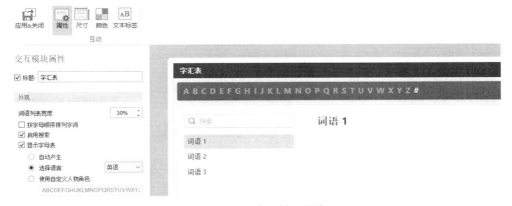

图 7-28 字汇表属性设置窗口

②在标题文本域中输入字汇表的标题。

③在 词语列表宽度 字段中选择或手动输入数值，调整词语列表宽度。

④如果希望按照字母顺序对术语进行分组，请选择 按字母顺序排列字词 复选框。该选项适用于英文等词语，对中文意义不大。

⑤如果选择 启用搜索 复选框，学习者可以搜索词汇表中的词语。当他们在搜索栏

中输入词语文本,会列出词语列表中所有匹配的词语。

⑥选择 显示字母表 复选框,选择字母表在字汇表中的显示方式:

a)如果选择 自动产生 选项,只有输入词语的第一个字母出现在字母表中。对于中文,建议选择该选项,这时,字母表将出现词语中的第一个汉字。

b)如果选择 选择语言 选项,你可以在下拉列表中选择字母表的语言。这时,所选语言的所有字母都将出现在字母表中。

c)如果选择 使用自定义人物角色 ,你可以在下面的文本域中自定义字母表形式。

⑦设置完成后,单击 应用 & 关闭 按钮。

单击工具栏的 发布 按钮发布作品。图7-29是字汇表显示效果图。

图7-29 字汇表互动模块显示效果

字汇表的顶端会出现字母表,允许你对词汇量较大的字汇表中的词语进行导航。词语列表出现在左侧,右侧会显示相关的术语及定义文本。

(二)添加图卡目录

图卡目录互动模块可用于构建产品目录,帮助员工熟悉产品分类。媒体目录是直观展示产品的好方法,如家具、食品等。这里以添加世界知名App的商标为例加以讲解。

(1)在 iSpring Visuals 9 的启动窗口中,选择 新建互动模块 → 图卡目录 → 建立互动模块 按钮。新建图卡目录互动模块。

(2)要添加新的图卡,请单击工具栏的 添加图卡 按钮,如图7-30所示。

利用 iSpring Visuals 9 创建互动式模块

图 7-30　添加图卡示意

（3）在图卡列表和目录中将出现新的图卡，如图 7-31 所示。

图 7-31　图卡列表和目录

（4）在左侧的图卡列表中选择一个图卡，再在右侧输入图卡标题和描述。学习者进入该幻灯片时会看到你在此输入的标题和描述性文本，如图 7-32 所示。

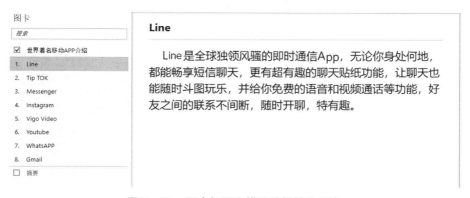

图 7-32　图卡标题和描述编辑操作示意

（5）你可以向图卡中添加图片和视频。要添加图片，请单击图卡右侧的 图片 下拉按钮，再从中选择一个需要上传的图片位置来源，如图 7-33 所示。

图 7-33　图卡和视频添加操作示意

（6）要改变图卡中已导入的图片和视频媒体，请单击右侧图片下的 改变 下拉按钮，再 从档案… 或 从剪贴板 中，选择需要添加的图片来源，如图 7-34 所示。

图 7-34　图卡中的媒体变更操作示意

（7）要从图卡中删除某个媒体，请选择该媒体后单击工具栏的 删除 按钮。

（8）你还可以先用鼠标单击图卡窗格，然后单击 插入 菜单，再根据需要，为步骤描述添加文本、图片、视频、音频、富文本、人物角色、背景等对象。

（9）与其他模块类似，你可以对选定图卡执行复制、删除等操作。

（10）添加简介和摘要。要为你的互动添加简介和摘要，请勾选图卡列表中上方和下方的 简介 和 摘要 复选框，然后输入对应的内容，如图 7-35 所示。

图 7-35　图卡的简介和摘要的编辑操作示意

（11）要激活图卡目录搜索功能，请单击工具栏的 属性 按钮，如图 7 - 36 所示。

图 7 - 36　图卡的属性按钮操作位置示意

（12）选中 启用检索 复选框，具体操作如图 7 - 37 所示。如果选择 启用搜索，学习者在目录搜索栏中输入卡片标题时会显示所有匹配项。

图 7 - 37　图卡的搜索功能启用操作示意

（13）要改变缩图样式，请在 缩图样式 下拉列表中的 符合 和 填满 中任选一个：如果选择 符合 选项，缩略图将带有边框；如果选择 填满 选项，缩略图将填满所有图卡空间。

（14）单击工具栏的 应用 & 关闭 按钮，关闭属性窗口并返回编辑界面。

（15）预览图卡目录互动模块，效果如图 7 - 38 所示。

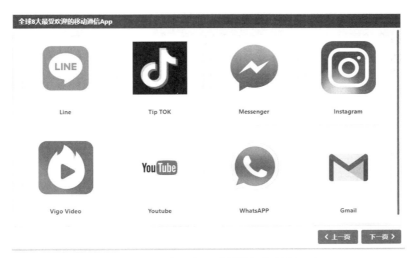

图 7 - 38　图卡目录互动模块运行效果示意

（16）单击任一图卡，都会显示该图卡更具体、详细的内容说明。如单击 Line 图卡，会弹出类似图 7-39 的页面，显示该图标所对应的 App 说明页面。

图 7-39　单击 Line 图卡的显示效果

第三节　小　　结

本章以步骤、卷标的图形、圆饼图、字汇表、图卡目录为例，介绍了流程类互动模块、注释类互动模块、阶级类互动模块和目录类互动模块的创建方法，包括模块中的复制、移动、删除和属性设置。制作好的互动模块，既可以集成到演示文稿中，也可以独立发布为 HTML5 格式的数字化学习资源。

第八章　利用 iSpring TalkMaster 9 创建模拟情境对话

对话模拟作为一种学习实践，旨在呈现学习者可能遇到的实际情况。构建模拟情境对话是数字化学习领域，特别是企业培训领域的重要组成部分。许多企业要求员工在一种舒适的氛围中与客户和同事进行专业对话。此外，模拟常见情境在实践上相对安全，不会对企业或学习者带来任何实际负面结果。

iSpring TalkMaster 9 不仅可以对学习者进行技能培训，还可以检查学习者的学习进度。你只需启用评估并为正确答案设定分值。无论你是直接在 iSpring TalkMaster 9 中发布模拟情境对话，还是把它作为演示课程的一部分，输出的内容均能在各种硬件设备和 iOS、Andriond、Windows 操作系统上完美运行。由于 iSpring TalkMaster 9 的启动、音频编辑、播放器设置、项目预览、播放设置的操作和套件中其他软件类似，故不再赘述。

本章内容主要包括：
（1）场景的创建和管理。
（2）给场景和模拟情境对话添加讲解。
（3）设置模拟场景分数。
（4）设置模拟情境对话属性。

第一节　场景的创建和管理

和 iSpring QuizMaker 9 一样，iSpring TalkMaster 9 既可以独立运行并生成单独的模拟情境对象项目文件，也可以使用演示文稿工具栏上的模拟情境对话按钮，在集成的 iSpring TalkMaster 9 中快速创建新的模拟情境对话和添加新场景，再在场景中添加问题和答案并排列成树状结构，然后从 iSpring 库中添加需要的角色和背景，并对创建的模拟情境对话进行必要修改，单击 TalkMaster 工具栏上的保存并返回课程按钮，即可将模拟情境对话放置在演示文稿的选定幻灯片上。

由于 TalkMaster 的启动和其他套件类似，这里不再介绍如何启动它并在其中创建模拟情境对话，而是主要介绍如何在集成的 PPT 演示文稿中建立模拟情境对话。

一、创建新场景

要在演示文稿中插入模拟情境对话，请按照以下步骤操作：

（1）在演示文稿中选择新建一张需要插入模拟情境对话的幻灯片。

（2）选择 iSpring Suite 9→对话模拟 按钮，弹出如图 8-1 所示的创建模拟对话窗口。

（3）选择 新建情境 按钮。你也可从"最近的模拟情境对话"列表中单击符合要求的文件名。

图 8-1 新建模拟情境对话窗口

（4）弹出如图 8-2 所示的创建场景窗口，单击工具栏上的 新建场景 按钮。

图 8-2 新建场景窗口

（5）模拟情境对话需要通过添加角色的方式启用，因此，请单击 无角色 按钮，打开如图 8-3 所示的添加角色和背景窗口，并切换至 角色 选项卡。

图 8-3　模拟场景的角色选择窗口

（6）在角色库中提供的商务、休闲、工业和医疗四类角色中选择一个角色。如果你为第一个场景选择了角色，且在后续场景中不做改变，它会自动添加到后续所有场景中。

（7）你可以通过单击 角色情绪 图标改变角色的情绪。这不仅可以使现场感觉更加自然，还可以鼓励学习者正确的选择，并抑制错误的选择。

（8）单击 背景 选项卡，在背景库中选择一个背景。

（9）单击 关闭 按钮，返回在如图 8-4 所示的场景编辑窗口。

（10）切换至 内容 选项卡，在文本域中输入相应的描述性文本。

（11）请你根据自己的实际情况，选择以下任意一种回复类型：

a）如果选择 添加消息 链接，不会提供分支选项，因为每个场景只能添加一条消息。

b）如果选择 添加回复 链接，可以在场景中添加带有多个回复的分支选项。由于消息和回复的操作类似，下面以添加回复为例加以讲解。

图 8-4　场景内容编辑窗口

（12）单击 增加回复 链接，为场景添加回复对应文本，如图 8-5 所示。

图 8-5　场景的回复分支添加操作示意

（13）添加完所需的多个回复后，用鼠标拖曳第一个回复的 拉至连结 图标，会弹出如图 8-6 所示的 新建场景 提示图标。

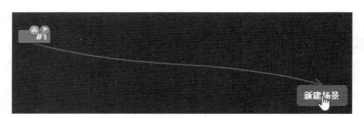

图 8-6　通过拖曳拉至连结图标后自动出现的新建场景

（14）至工作区的合适位置后释放鼠标，会创建连结该回复选项的新场景，且自动打开该场景的内容创建窗口，如图 8-7 所示。

图 8-7　通过拉至连结自动创建的新场景窗口

（15）返回第一个场景，拖曳第二个回复选项的 拉至连结 图标至合适位置后释放，自动创建连结到第二个回复的新场景。

（16）继续添加第一个场景中其他回复的分支场景。

（17）完成第一个场景的所有回复分支创建后，单击 关闭 按钮来关闭场景。

（18）切换到其他场景，为新场景选择角色、背景，添加必要的文本信息。

（19）若要修改某个角色，请在工作区打开该场景并切换到角色库，再选择一个新角色。

（20）如果工作区的场景较多，你可以在工作区上下滚动鼠标滚轮，或者单击工作区域右下角的加号和减号按钮来调整场景显示比例。

二、创建自定义角色

iSpring TalkMaster 9 允许你自定义角色，使对话模拟更加逼真和吸引人。你可以在场景中插入教师或学生的照片，将学习者置于熟悉的学习环境中。

要添加自定义角色，请按照以下步骤进行操作：

（1）在模拟情境对话中创建一个新场景或选择一个已有的场景。

（2）单击角色图片（已有场景）或 无角色 （新场景），打开如图 8-5 所示的角色设置窗口。

（3）单击添加角色按钮，如图 8-8 所示，弹出打开图片文件窗口。

图 8-8　角色窗口中的添加角色操作示意

（4）导航至本地计算机中选择一张图片，单击 打开 按钮将图片导入图片库。

（5）导入的角色出现在如图 8-9 所示的自定义角色窗格中，且用于表示所有情绪状态。

图 8-9　场景的自定义角色窗格

（6）右键单击角色缩略图，然后从弹出的快捷菜单中选择 编辑 菜单项。

（7）在编辑角色窗口左侧切换到不同表情选项卡，为每种情感选择适当图片。单击 改变 按钮为每个情感选项卡添加对应表情的图片，如图 8-10 所示。

图 8-10　自定义角色的情绪状态编辑操作示意

（8）单击 保存 按钮，完成角色编辑。

（9）如果要改变角色，请在角色库的自定义区域中选择一个角色。

（10）用鼠标右键单击缩略图，然后在快捷菜单中选择 修改，如图 8-11 所示。

图 8-11　自定义角色的编辑

（11）按照上述相同步骤为每个角色添加更多情绪状态。

（12）要删除自定义角色，请在角色库右击该角色，再在快捷菜单中选择 删除 菜单项。

三、设置自定义背景

你可以为场景设置自定义背景，具体请参考以下步骤进行操作：

（1）在 背景 库中单击 添加背景 按钮，打开添加背景对话框。

（2）选择需要的背景图片，将它添加至自定义窗格中，如图 8-12 所示。

图 8-12　添加新背景图片操作示意

（3）要改变背景，请右键单击自定义窗格区域中的背景缩略图，然后在弹出的快捷菜单中选择 修改 菜单项。

（4）如果要导出图片，请右击背景图标，在弹出的快捷菜单中选择 汇出 。

（5）如果要删除图片，请右击背景图标，在弹出的快捷菜单中选择 删除 。

四、设置场景颜色

多个连结在一起的场景会形成模拟对话树，为了更好地区分不同场景，你可以为其中每个场景设置不同颜色。例如，你可以为一个分支选择绿色，而为另外一个分支设置红色。

请按照以下步骤为场景设置颜色：

（1）在编辑场景窗口中转到 属性 选项卡。

（2）在 场景颜色 标签的右侧为你的场景选择一种颜色，如图 8-13 所示。

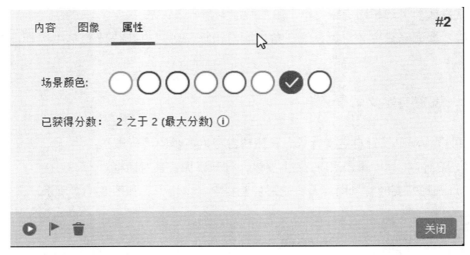

图 8-13 场景颜色设置操作示意

第二节 给场景和模拟对话添加讲解

为模拟情境对话添加了场景，并给场景设置了角色、背景图片，添加了新的回复选项或消息及其连结场景后，你就可以为场景和模拟对话添加相应的音频旁白。你既可以直接在 TalkMaster 9 中录制音频讲解，也可以先在专业的音频处理软件录制音频或请专业的配音师录音，再导入相应的场景中。

一、在 TalkMaster 9 中直接录制讲解

（1）打开一个已有的模拟情境对话或创建一个新的模拟情境对话。

（2）在菜单栏上单击 配音 按钮，操作如图 8-14 所示。

图 8-14 菜单栏的配音操作示意

（3）在幻灯片左侧会展开脚本面板并显示回复或消息中输入的文本，如图 8-15 所示。脚本面板左侧的图标会标示音频的类型，带有人物头像图标的是角色旁白，带有气泡图标的是消息，带有向右箭头的是回复选项。

图 8-15 脚本面板及解说文本

（4）在左侧选择场景相应的信息，单击右侧红色的 录制 按钮，如图 8-16 所示。

图 8-16 场景解说录音操作示意

（5）弹出如图 8-17 所示的录制窗口。

图 8-17 场景录制窗口

(6) 单击讲解脚本图标，会在下面显示讲解脚本，如图 8-18 所示。

图 8-18 单击讲解图标显示的讲解脚本

(7) 单击红色的 录制 按钮，录制你的音频讲解。

(8) 完成音频的录制后，单击 完成 按钮，如图 8-19 所示。

图 8-19 结束解说录制操作示意

(9) 确保左侧信息处于选中状态，再单击工具栏的 编辑 按钮，如图 8-20 所示。

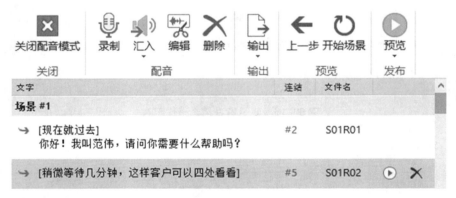

图 8-20 解说音频编辑操作示意

(10) 根据需要，对音频剪辑进行降噪和调整音量等，如图 8-21 所示。

第八章 利用 iSpring TalkMaster 9 创建模拟情境对话

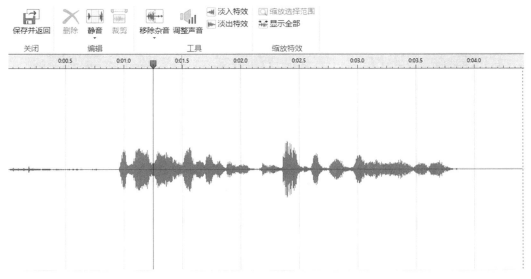

图 8-21　音频编辑器中的解说音频编辑操作

二、输入和输出讲解

你可以通过先选择相应消息，再单击工具栏的汇入按钮，为每个消息导入音频讲解文件。如果你想把音频讲解制作脚本发送给专业录音师，或在第三方专业音频处理软件中录制这些音频，你可能需要使用输出脚本的方式打印讲解脚本文档和选择批量导入选项。

请按以下步骤输出脚本和导入讲解音频：

（1）在工具栏上的 输出 下拉菜单中选择 输出脚本... 按钮，如图 8-22 所示。

图 8-22　场景脚本的输出操作示意

（2）弹出保存文件对话框，将脚本保存为 .doc 文件后发送给配音师。

（3）如果你打开脚本文件，你会发现脚本的文本以及对应的需要批量导入的音频文件名。请确保录音文件与相应的文件名匹配（通知你的配音演员），如图 8-23 所示。

179

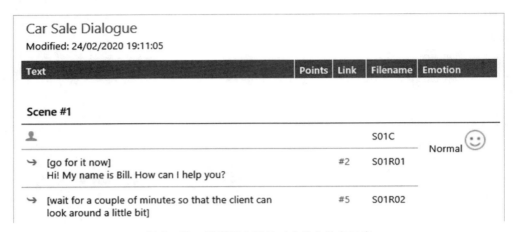

图 8-23　解说脚本及其对应的文件名示意

（4）按照脚本文件名称录制音频文件。导入这些配音文件时，配音文件会自动匹配模拟情境对话中的对应脚本（请告诉你的配音师），如图 8-24 所示。

图 8-24　依据解说脚本保存的解说音频文件名

（5）在工具栏中选择 汇入 → 批量导入 ，弹出导入音频窗口，导航至需要导入的配音文件所在位置，选择配音文件夹中的所有音频文件，如图 8-25 所示。

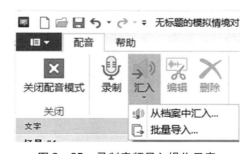

图 8-25　录制音频导入操作示意

（6）单击 打开 按钮，导入所需的音频文件，操作如图 8-26 所示。

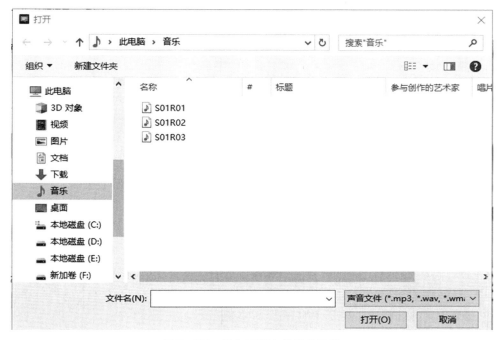

图 8-26　导入音频文件操作示意

（7）导入完成后，你会在成功导入音频的信息右侧看到播放按钮。你可以单击该按钮预览对应的音频文件，如图 8-27 所示。

图 8-27　成功导入音频窗口及对应的音频文件

（8）如果某些消息未自动导入，请仔细检查文件名是否正确，然后再次批量导入。你也可以在工具栏中单击 从档案中汇入 按钮，导入单个的音频文件。操作如图 8-25 所示。

第三节　设置模拟分数

iSpring TalkMaster 9 允许你为每个场景的答复选项分配分数，或者仅为最终场景分配分数。对于相对简单的线性模拟对话，且对话只判断学习者是否通过，那么为结束场景设置分数是一个不错的选择。对于带有分支场景的模拟对话，累计分数是一个更好的选择，这样，学习者在答对的场景中会获得相应分数，答错的场景中会扣分。最终分数可以显示他们在学习上的差异。例如，即使两个学习者都通过了模拟情境对话评估，但可以根据他们得分的高低推断各自表现。如果只给结束场景分配分数，请执行以下步骤：

（1）在 iSpring TalkMaster 9 中打开需要分配分数的模拟情境对话文件。

（2）在工具栏中单击 属性 按钮，选择 启用模拟情境对话评估 复选框。

（3）打开模拟情境对话的某个结束场景，为每个回复选项设置分数。

（4）对于本书中的范例模拟对话，你可以按照以下分值进行分配：

a）100 分，为最佳答案选项分配 100 分。

b）80 分，部分解决了场景中所提出的问题。

c）0 分，对客户完全没有任何帮助。

如果要给模拟对话的不同场景设置累计分数，请参考以下步骤进行操作：

（1）单击工具栏的属性按钮，弹出如图 8－28 所示的模拟情境对话属性窗口。选中启用 模拟情境对话评估 复选框，下面的 通过分数 字段可用，再单击 确定 按钮关闭窗口。

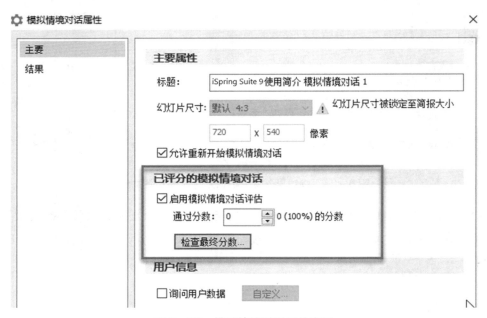

图 8－28　模拟情境对话属性窗口

(2) 在工作区单击要分配分数的场景，打开场景设置对话框。

(3) 切换到 内容 选项卡，为每个回复选项设置得分或罚分，如图 8-29 所示。

图 8-29 内容选项卡中选项的分数设置

(4) 利用相同的方式，为其他需要选择答案的场景的回复选项分配分数。

(5) 再次在工具栏上单击 属性 按钮，打开模拟情境对话的属性窗口。

(6) 要检查模拟对话的最终分数，请单击 检查最终分数… 按钮。

(7) 你可以在如图 8-30 所示的窗口中检查学生达到每个最终场景的可能得分。

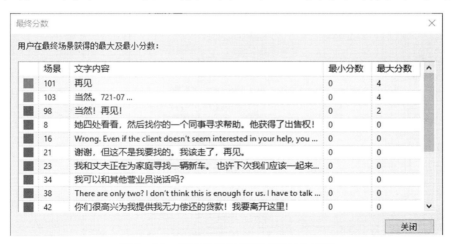

图 8-30 不同最终场景的可能得分示意

此时，你可能需要编辑为回复选项赋予的分数。在不同的最终场景中使用对比得分很有用。例如，选择最佳答案选项的学习者可以获得 90～100 分，选择较好答案选项的学习者得分 80～90 分，表现不佳并且有时给出错误答复的学习者可以获得 60～80 分。如果答案全错，得分将在 0～60 分。

你也可以在场景窗口的 属性 选项卡中查看最终分数。分数字段显示学生在该场景中可能获得的积分，如图 8-31 所示。

图 8-31　场景窗口属性选项卡中的最终分数显示示意

第四节　设置模拟情境对话的属性

模拟情境对话的属性分为主要属性和结果属性。你随时可以对它们进行设置。

一、设置模拟情境对话的主要属性

请按照以下步骤设置模拟情境对话的属性：

（1）在如图 8-32 所示的工具栏中单击 属性 按钮，打开如图 8-33 所示的模拟情境对话属性窗口。

图 8-32　工具栏的属性按钮位置示意

（2）在图 8-33 的 主要 属性窗口中，在 标题 字段中输入模拟情境对话的名称。它将显示在场景幻灯片顶部。当然，你可以在播放器中设置隐藏标题。

图 8-33 模拟情境对话的主要属性窗口

(3) 在 幻灯片大小 下拉菜单中选择一个尺寸,其中:

a) 默认 4∶3。幻灯片尺寸为 720×540。
b) 默认 16∶9。幻灯片尺寸为 960×540。
c) 默认 16∶10。幻灯片尺寸为 960×600。
d) 自定义。你可以自定义幻灯片尺寸,其中高度介于 540 像素~2560 像素之间。

(4) 选择 播放器 → 播放和导览 → 允许用户重新播放模拟情境对话,设置模拟情境对话结束时的行为,图 8-34 是操作示意图。

图 8-34 重启模拟情境对话设置示意

（5）运行模拟情境对话，结束时会显示如图 8 – 35 所示的 重新开始 按钮。

图 8 – 35　允许重新开始的模拟情境对话示意

（6）如果选择 启用模拟情境对话评估 ，图 8 – 29 的模拟情境分数设置对话框的内容选项卡中才会出现得分字段。这时，你可以创建计分模拟，为每个场景设置分值。

（7）如果选择 询问用户数据 ，模拟情境开始的时候学习者将看到请求表单，用于输入个人详细信息。单击 自定义 按钮，自定义学习者信息窗口将打开，你可以添加任意数量的字段。其含义和第六章的测验中的用户信息表单字段完全相同，这里不再赘述。设置好需要的字段后，运行效果如图 8 – 36 所示。

图 8 – 36　询问用户信息表单运行效果示意

二、设置模拟情境对话的结果属性

你可以在如图 8-37 所示的结果窗口中定义完成对话时执行的操作和报告信息。

（1）如果要向用户发送模拟对话结果，请启用 传送结果至使用者信箱 选项。

（2）如果选择 传送结果至电子邮件 ，会将结果发送到设置的电子邮件。

（3）如果选择 发送详细的结果 ，可以获得有关对话消息和答案的详细信息。

（4）你还可以自定义电子邮件名称和主题，以便轻松管理传入的报告。你还可以选择将要显示在电子邮件中的每个场景的详细信息。

（5）如果选中 传送结果至服务器 选项，可将模拟结果自动发送到服务器。

（6）你可以使用作为 POST 请求发送的变量和 .xml 文档在服务器上接收详细的结果。

以下变量通过 POST 方法发送到服务器：

a）v——报告版本。
b）dr——符合以下模式的 .xml 格式的详细结果。
c）sp——获得积分。
d）ps——通过分数。
e）psp——以百分比表示的通过分数，即学习者通过模拟必须获得的总分数的百分比。
f）TP——获得分数。
g）sn——学习者名。
h）se——电子邮件。
i）qt——模拟标题。

注意：程序根据主要属性中选择的 Passing Score 选项发送 psp 或 ps。如果通过分数以百分比形式设置，程序将发送 "psp"；如果以分数形式设置，则发送 "ps"。更多相关信息，请参阅文章《如何将模拟结果发送到服务器》。

完成动作包括如果使用者通过和如果使用者失败这两个选项卡。只有在主要属性部分启用模拟情境对话评估后，才会显示通过和失败选项卡。

（7）在如图 8-37 所示的完成动作窗格中，根据需要进行以下设置：

a）如果使用者通过。选择学习者通过时模拟将执行的操作。
b）如果使用者失败。选择学习者失败时模拟将执行的操作。
c）无。当学习者完成模拟时不执行任何操作。
d）关闭浏览器窗口。完成模拟时，关闭学习者的模拟浏览器窗口。
e）转到网址。当学习者完成模拟时，将被引导到设置的网页。
f）如果选择 开启一个新的浏览器窗口 ，会在新浏览器窗口中打开设置的网页。

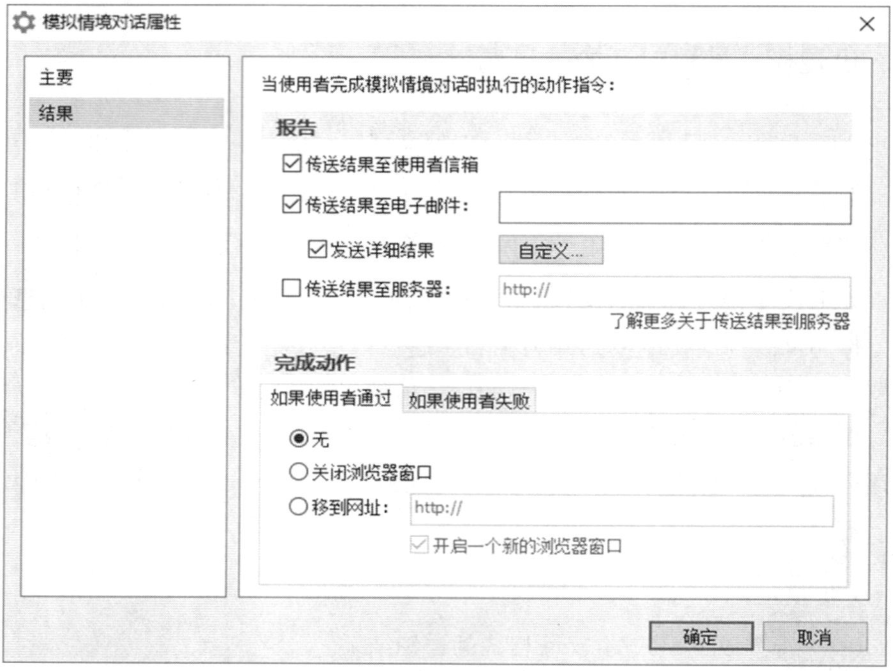

图 8-37　模拟情境对话结果属性设置窗口

第五节　小　　结

　　本章主要包括四个部分。首先，本章介绍了如何在 TalkMaster 中创造和管理场景，包括如何创建新场景和自定义角色、自定义背景及场景颜色。然后，本章介绍了如何在 TalkMaster 中录制讲解、如何导出音频讲解文本、如何导入外部音频讲解。其次，本章介绍了如何给模拟情境对话设置分数。最后，本章介绍了如何设置模拟情境对话的主要属性和结果属性。

第九章 利用 iSpring Cam Pro 制作屏幕录制

屏幕录制是一种常见的显示电脑操作示范的有用方法。iSpring Cam Pro 9 作为 iSpring Suite 9 的套件，是一款能够创建视频培训材料的屏幕录制软件，可用于快速对学习者进行新技能培训。借助 iSpring Cam Pro，你可以录制屏幕区域、应用程序、专家视频，也可以录制电脑屏幕上包括键盘事件、鼠标移动等在内的内容，并将它们转换为视频。iSpring Cam Pro 提供了画中画视频录制功能，并可以自动添加相关提示字幕。

你可以在录制演示文稿的同时，录制教师的授课视频。iSpring Cam Pro 还提供了类似 PPT 演示文稿的互动式画布，允许你向屏幕添加字幕和注释，并可在不同视频之间添加过渡效果。iSpring Cam Pro 支持多个视频轨道，以便帮助学习者更好地记住学习材料。

本章内容主要包括：
（1）新建屏幕录制，包括录制的设置和录制的类型。
（2）编辑视频，包括添加屏幕截屏视频，添加视频、图片、文字等。
（3）管理画布，包括在画布上添加对象和设置过渡效果。
（4）发布视频。

第一节 新建屏幕录制

你可以使用 iSpring Cam Pro 录制屏幕，录制摄像头或同时录制屏幕和摄像头。因同时录制摄像头和屏幕的操作与录制屏幕和录制摄像头类似，故不再赘述。

一、修改录制设置

在录制前，你可以修改录制热键、调整应用程序图标显示、设置录制区域中打开窗口方式和录制时的音/视频来源。修改录制设置的具体操作步骤如下：

（1）在如图 9-1 所示的快速启动窗口中，单击 屏幕录制 按钮，弹出如图 9-2 所示的录制设定窗口。

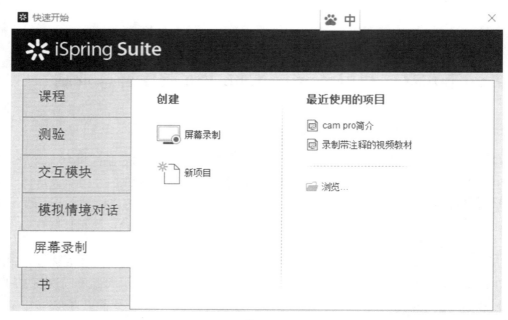

图 9-1 快速启动窗口

(2) 在图 9-2 中单击左下角锯齿状的设定按钮。

图 9-2 录制设定按钮

（3）弹出如图 9-3 所示的设置对话框，切换到 选项 选项卡。

图 9-3　录制设定对话框

（4）设置录制热键。热键及其功能见表 9-1。如果系统中其他操作按键和这组默认按钮相同，建议你在此修改。例如，假设笔记本电脑屏幕投影热键和 Cam Pro 9 结束录制热键均为 F10。要是你不修改该热键，就不能通过按下 F10 键结束 Cam Pro 9 的屏幕录制操作。

表 9-1　热键及其含义

行动	默认热键	描述
暂停/恢复	F9	暂停并恢复录制
完成录制	F10	完成录制并转到编辑窗口
取消录制	Shift 和 F10	取消录制并返回录制设置

（5）你可以在额外选项窗格启用或禁用附加的录制选项。它们的具体含义见表 9-2。

表 9-2　附加录制选项及其含义

选项	含义
在录制区域打开新的窗口	所有新窗口都将在录制区域中打开。如果你在演示一个包含多个窗口或使用多个监视器的软件，该选项特别有用
显示窗口任务栏图标	应用程序图标在录制过程中出现在屏幕右下角的时钟旁，右键单击该图标可控制录制过程

（6）你还可以切换到如图 9-3 所示的 设定 选项卡，选择录制的音/视频声源。

（7）要使音质效果达到最佳，请单击 设定麦克风 按钮来设置麦克风，具体操作详见第三章的内容。

（8）根据需要，请在录制声音窗格打开和关闭麦克风和系统声音的录制。

（9）完成后单击 确定 按钮返回录制 设定 窗口。

二、录制屏幕

（1）在如图9-2所示的录制设置窗口中，通过单击 屏幕 按钮选择屏幕录制模式。

（2）在 屏幕区域 下拉菜单中，根据需要选择以下任意一个录制区域：

a）部分屏幕。选择该选项后，预设下拉菜单会提供 视频16：9 和 视频4：3 这两个预设尺寸和 选择区域 菜单项供你选择。16：9的宽屏视频默认尺寸为1280像素×720像素，4：3的标准视频默认尺寸为960像素×720像素。

b）选择区域。该选项允许你在屏幕中通过拖放鼠标的方式选择录制区域，也可以在 尺寸 字段中输入项目的宽度和高度。

c）如果选择 全屏 ，会录制整个显示器中的所有内容。如果你有不止一个显示器，你可以选择录制的显示器。

d）如果选择 应用程序 ，预设列表会变为应用程序列表，你可以从中选择电脑中已打开的应用程序，录制区域会自动调整，以便适配所选择的程序窗口，如图9-4所示。

图9-4　录制应用程序的设定操作

（3）如果选择 部分屏幕 的录制区域，你可以通过移动屏幕中心的移动图标自定义录制区域，也可以通过拖曳录制框周围的手柄调整录制区域大小。

（4）当录制模式设置为 屏幕 或 屏幕与相机 时，你还可以在 尺寸 区域直接输入宽度和高度值，精确调整录制区域大小。

（5）设置完成后，返回录制设置窗口。

（6）单击录制设置窗口底端的红色录制按钮，开始录制过程。

（7）你可以随时单击 暂停 来中止视频录制。同时， 暂停 变为 恢复 ，单击它继续录制视频。

(8) 视频录制完成后，单击 完成 停止录制，如图 9-5 所示。

图 9-5　屏幕录制控制按钮

(9) 停止录制后，iSpring Cam Pro 编辑器将自动打开，以便你编辑录制内容。

三、录制摄像头视频

虽然国外的在线教学研究者不提倡视频中出现教师头像，但中国学生重视教师的作用，师生均不习惯没有教师头像的课程。你可以参考以下步骤，在 iSpring Cam Pro 中录制摄像头视频：

(1) 在如图 9-2 所示的录制设置窗口中选择 相机 按钮。

(2) 在 预设 下拉菜单中选择一个预设视频大小，如图 9-6 所示。

图 9-6　录制相机的视频预设大小设置示意

(3) 在 麦克风 菜单中，你可以选择录制过程中使用的麦克风来源。

(4) 要关闭录音，请单击图 9-6 中的麦克风图标，让麦克风静音。

(5) 完成摄像头和麦克风设置后，单击红色图形按钮开始录制。

(6) 完成录制后，单击 停止 或按下键盘上的 F10 键。

(7) 录制的视频会自动在 iSpring Cam Pro 编辑器中打开，供你进行预览和编辑。

四、使用注释录制软件教程

如果你使用键盘和鼠标输入信息并在录制时使用了热键，你可以将它们作为弹出窗口的提示文本或注释包含在视频教程中。例如，如果你想制作一个在演示文稿中插入 iSpring QuizMaker 测验的操作教材，就可以录制带有注释的软件操作视频教材。具体步骤如下：

（1）在演示文稿中选择需要插入视频教程的幻灯片。

（2）在演示文稿的菜单栏中选择 iSpring Suite 9 → 屏幕录制 。

（3）弹出如图 9 - 7 所示的屏幕录制窗口。

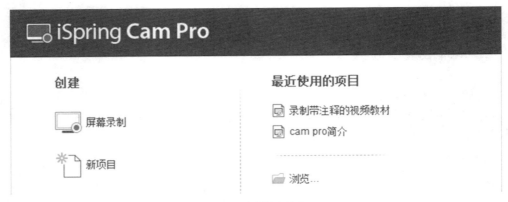

图 9 - 7　屏幕录制窗口

（4）选择 屏幕录制 按钮，弹出如图 9 - 2 所示的设置窗口。

（5）你可以选择录制屏幕或摄像头视频。

（6）录制完成后，系统会弹出如图 9 - 8 所示的屏幕录制完成窗口。

（7）若要添加批注，请选择 增加批注到屏幕录制 复选框。

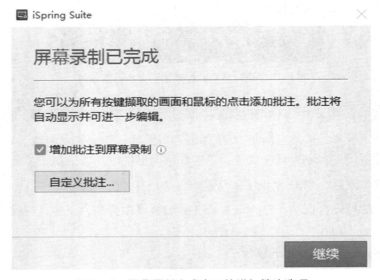

图 9 - 8　屏幕录制完成窗口的增加批注选项

（8）若要自定义批注文本，请单击 自定义此注… 按钮，弹出如图9-9所示的注释设计窗口。

图9-9 注释设计窗口

（9）从 档案 菜单中选择一种预设方案，设置批注文本字体、字号及颜色。

（10）如果希望将字体和文本集应用于后续摄像头视频和屏幕视频录制，请在图9-8中单击 档案 菜单右侧的软盘图标，再输入配置文件名称并单击 OK 。

（11）在注释设计窗口中单击 储存 按钮，返回如图9-8所示的完成录制窗口。

（12）单击图9-8中的 继续 按钮，转到录制视频的编辑窗口。

（13）iSpring Cam Pro 会自动打开视频编辑器，录制的视频、音频和注释等媒体元素会自动添加到时间轴中，而且各自拥有自己的独立轨道。

（14）你可以在时间轴上编辑录制的内容，添加多媒体对象，在视频片段之间应用过渡效果等。由于音频和视频分别在单独的轨道上，因此其属性需要单独编辑。

（15）如图9-10所示，编辑完成后，请单击 发布… 按钮，将项目保存为MP4视频文件或单击 储存 菜单项，将它保存为iSpring项目文件（*.iscamproj）。

图9-10 项目的发布和保存

（16）在查看录制窗口中单击 保存并返回 按钮，将录制视频插入幻灯片中。

第二节　编辑视频

如图9-11所示，iSpring Cam Pro视频工作区允许您向项目中添加视频录制、视频、音频、图片、文本框和形状等媒体。视频工作区的构成如下。
（1）工具栏（A），可以快速访问编辑器所提供的各项功能。
（2）画布（B），主要用于显示出现在时间轴上的媒体对象。
（3）时间轴（C），主要用于编辑项目中包含的所有媒体对象。
（4）播放控制按钮（D），主要用于控制视频的播放、暂停、快进和后退。

图9-11　Cam Pro的视频编辑窗口

一、添加屏幕录制视频

你可以向项目中添加屏幕录制视频，具体操作步骤如下：
（1）如图9-12所示，将光标放在时间轴上要添加录制视频的位置。
（2）在图9-12左上角的工具栏面板中单击 录制视频 按钮。
（3）打开图9-2的录制设置窗口，选择一种录制模式并设置其他录制选择。
（4）单击红色录制按钮，启动录制过程。
（5）单击控制面板上的 停止 按钮或按下键盘上的F10键，结束录制。

第九章 利用 iSpring Cam Pro 制作屏幕录制

（6）弹出如图9-8所示的视频录制结束窗口，单击其中的继续按钮。

（7）弹出视频编辑窗口，录制的音/视频和注释都将添加到时间轴上并拥有独立轨道。

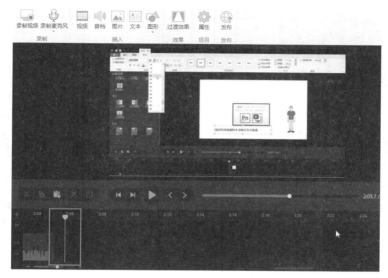

图9-12 光标在屏幕录制视频中的放置位置

二、添加视频

向项目中添加视频的具体步骤如下：

（1）在时间轴上将滑块滑动到要插入视频的位置，如图9-13所示。

图9-13 时间轴的视频插入光标设置示意

（2）在工具栏上单击 视频 按钮。

（3）弹出标准的打开视频窗口，选择一个视频后单击 打开 按钮。

（4）如果视频中有音频，会和视频一道添加到视频轨道上，如图9-14所示。

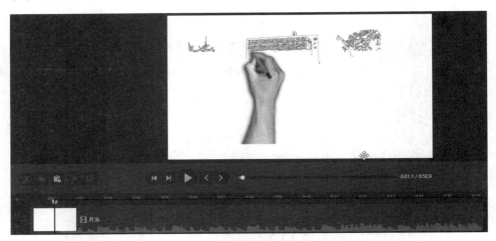

图9-14　时间轴上的视频添加效果示意

三、添加音频

你可以通过导入和利用麦克风录音的方式向项目添加音频。

（一）从麦克风录制音频

你可以利用连接到电脑的麦克风录制音频，具体操作步骤如下：

（1）在时间轴上，将光标滑动到要添加条目的位置，如图9-15所示。

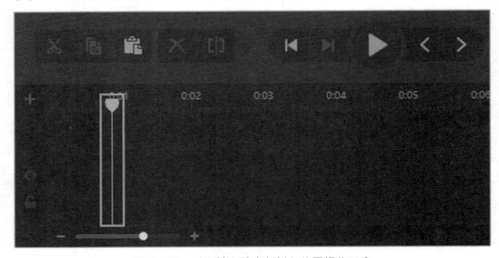

图9-15　时间轴上的音频插入位置操作示意

（2）在工具栏上单击 录制麦克风 按钮，如图 9-16 所示。

图 9-16 录制麦克风操作示意

（3）为了避免在录制过程中忘词，建议你如图 9-17 所示，在录制文本区域输入录音过程中的讲解文本，再单击 录制 按钮开始录音。

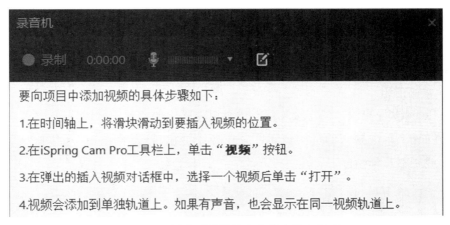

图 9-17 录音时的朗读文字脚本录入示意

（4）录制完成后，点击 完成 按钮，完成录音，如图 9-18 所示。

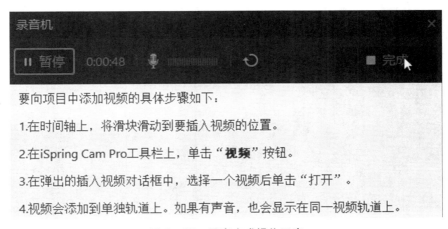

图 9-18 录音完成操作示意

（5）这样，你的音频会添加到时间线的单独轨道中，如图9-19所示。

图9-19 添加到时间轴上的音频轨迹

（二）导入外部音频

（1）在时间轴上将滑块滑动到要添加音频剪辑的位置。

（2）在图9-16的iSpring Cam Pro工具栏中单击 声档 按钮，弹出打开文件窗口。

（3）打开音频窗口，浏览并选择所需音频文件，再单击 打开 按钮。

（4）音频剪辑将自动添加到时间轴选定位置的新轨道上。

你可以替换/导出添加的音频文件，也可以调整它的音量，具体如下：

在时间轴上单击导入的音频剪辑，菜单栏中会出现 选项 菜单，如图9-20所示，你可以在此调整音频的以下属性。

图9-20 选中时间轴上音轨后显示的选项菜单

（1）替换音频。如果想替换音频文件，请在时间轴上选择它，然后在工具栏单击 从计算机替换音频 按钮，再在打开文件窗口中选择需要的音频文件。

（2）导出音频。在时间轴上选择拟导出的音频，再单击工具栏上的 保存音讯到计算机 按钮，在弹出的另存为窗口中，设置保存的位置和文件名后单击 保存 按钮。

（3）消除噪声。在时间轴上先选择一个需要消除噪声的音频文件，再单击工具栏的 消除噪声 按钮，消除音频中的噪声。

（4）调整音量。你可以在 音量 字段中设置音频音量，其中0%代表静音。操作如图9－21所示。

图9－21　时间轴上的音频音量调整操作示意

四、添加图片

你可以在项目中插入图片和为图片设置边框、添加效果等多种属性。

（一）插入图片

在项目中添加图片的步骤如下：

（1）在时间轴上将光标定位在要添加图片的位置，如图9－22所示。

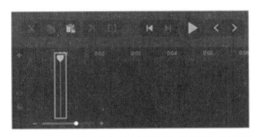

图9－22　时间轴上的图片添加位置设置示意

(2) 在 首页 菜单中单击 图片 按钮，弹出打开文件窗口。
(3) 导航并选择所选图片后，单击 打开 按钮将图片添加到时间轴新轨道上。
(4) 你可以通过拖曳图片边缘调整图片持续时间。

（二）调整图片

如果图片不符合要求，你可以参考以下步骤调整图片：
(1) 先在画布或时间轴上选择需要修改属性的图片。
(2) 在 iSpring Cam Pro 的工具栏上单击 格式 菜单，如图 9-23 所示。

图 9-23 选择图片后工具栏的格式菜单

(3) 单击 变更图片，会弹出选择图片对话框，从中选择替换原有图片的新图片。新图片会保留替换前图片在时间轴上的位置。
(4) 单击 导出图片，会将所选择的图片保存到电脑中。
(5) 单击 重设图片，会恢复图片的初始大小和属性。
(6) 如果要复制一张图片的格式，请先选择该图片，然后单击 复制格式，再单击需要应用格式的图片，即可将原有图片的格式应用到新图片上。
(7) 精确设置图片尺寸。在图 9-23 尺寸窗格的 宽度 和 高度 字段中输入相应数值。选中 锁定长宽比 复选框，可以防止图片比例失真。

（三）添加和删除图片边框

你可以参考以下步骤，为图片添加和删除边框：
(1) 在时间轴或工作区选择需要添加或修改效果的图片。
(2) 如图 9-24 所示，单击 图片边框 按钮，弹出图片边框格式菜单。

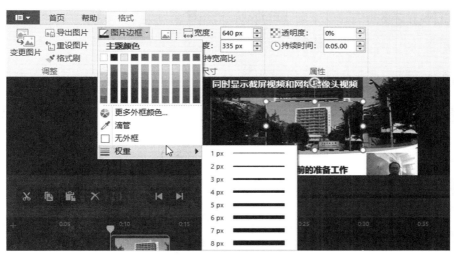

图 9 –24　图片边框格式菜单

（3）为图片的边框执行以下任意一种操作：

a）从主题颜色中选择一种颜色，或单击 更多外框颜色… 指定边框颜色。

b）如果要使用特定颜色，请选择 滴管 ，然后在屏幕上单击要复制的颜色，然后用滴管单击需要应用颜色的对象，将颜色应用到选定的形状或对象。

c）修改边框粗细请单击 权重 选项，然后选择线条的粗细。

d）选择 无边框 选项，会移除图片周围的外框。

（四）添加图片效果

（1）单击需要修改效果的图片。

（2）选择 格式 → 图片效果 ，弹出如图 9 –25 所示的效果列表。

（3）将鼠标悬停在 阴影 或 光晕 效果上会实时显示它的效果。

图 9 –25　图片的效果格式设置示意

（4）单击需要的阴影或光晕效果按钮，应用所选效果。

（五）设置图片持续时间

图片持续时间是其在视频中显示的时间长度，你可以根据需要对它进行修改：
（1）最简单的方法是在时间轴上左右拖曳图片的边缘。
（2）在工具栏的 持续时间 字段中以秒为单位输入持续时间，如图9-26所示。

图9-26 图片持续时间设置示意

（六）设置图片的不透明度

要修改图片的透明度，请执行以下操作：
（1）在画布中选择要修改透明度的图片。
（2）在工具栏上的 透明度 字段中输入图片透明度数值，其中，0%为完全不透明，100%为完全透明，如图9-27所示。

图9-27 图片的透明度设置示意

五、添加文本

你可以参照以下步骤，在项目中添加格式化文本。
（1）在时间轴上，将光标放在需要添加文本框的位置，如图9-28所示。

第九章 利用 iSpring Cam Pro 制作屏幕录制

图 9-28 项目中文本框添加位置操作示意

（2）在 iSpring Cam Pro 首页 菜单中，单击工具栏上的 文本 按钮。

（3）在画布中拖曳出适当的文本框形状后，输入文本并调整文本框大小。

（4）你可以选择图 9-29 所示界面图形样式窗格中的工具编辑文本的格式。

图 9-29 文本格式工具示意

（5）文本框添加到时间轴的单独轨道上。你可以拉动它的边缘调整显示时间，如图 9-30 所示。

图 9-30 时间轴上的文本轨道及其播放时长调整操作示意

添加文本框后，你可以通过直接在画布上或者时间轴上单击文本对象的方式，修改文本框的格式。

（1）在 iSpring Cam Pro 的工具栏上，单击 格式 菜单。你可以使用它改变文本形状及其风格，格式化文本，添加和删除形状外框，设置图片效果，调整文本框大小和持续时间。

205

（2）若要改变形状或复制形状格式，请使用如图9-31所示的调整窗格来调整格式。

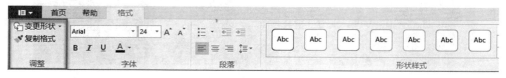

图9-31　工作区的形状变换操作示意

a）变更形状。该选项会在时间轴的同一位置用一个形状替代另一个形状。

b）复制格式。你可以先选择带有需要格式的对象，再单击格式刷，然后选择其他项目，将前一对象的格式应用于后者。这个操作和Word非常类似。

（3）你可以在如图9-32所示的字型窗格中选择文本的字体属性。

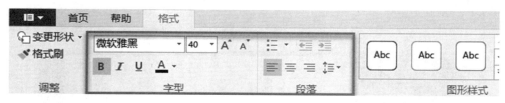

图9-32　文本格式设置窗格操作示意

a）设置字体。你可以从字体下拉菜单中选择不同的字体。

b）字体大小。你可以从字号下拉菜单中选择字号，调整字体大小。

c）缩放字体。你可以选择文本并单击相应的缩放按钮，调整文本大小。

d）你可以单击工具栏字型窗格的B、I、U、A，将所需的格式应用于所选择的文本。

e）设置字体颜色。单击字体颜色旁边的箭头，在主题颜色或标准颜色下选择一种颜色。如果需要特定的字体颜色，可以在 更多颜色 区域中选择它。

f）你可以先选择文本框，再在图形样式窗格为文本框设置一个喜欢的图形样式，如图9-33所示。

图9-33　图形样式修改操作示意

g）修改文本框填充颜色。选择要修改的文本框，然后在菜单栏中选择 格式 → 形状填充 下拉箭头，显示如图9-34所示的形状填充菜单。当鼠标悬停在颜色上会实时呈现颜色效果，单击要使用的颜色。单击 更多填充颜色... 会显示更多颜色选项。

填充可以是纯色或渐变色。如果要使用渐变色填充类型，请从 形状填充 下拉菜单

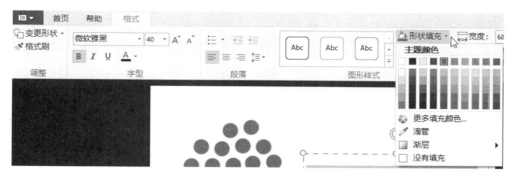

图 9-34　形状填充操作示意

中选择渐层，也可以选择没有填充让它透明。

（4）设置图形外框。选择文本框，再单击工具栏的图形轮廓，然后执行以下操作：

　　a）选择外框颜色。从调色板或单击更多外框颜色…，为外框设置一个颜色。

　　b）如果要使用特定颜色，请选择滴管，然后单击屏幕上要复制的颜色，再使用滴管单击目标对象或图形，将颜色应用于所选形状或对象。

　　c）修改边框的粗细。单击权重并选择线条的粗细。

　　d）删除边框。单击没有边框。

（5）如图 9-35 所示，你可以从图形效果列表中为所选文本框添加图形效果。

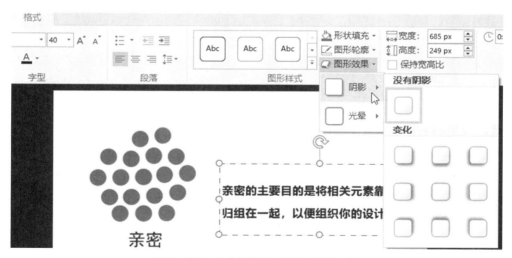

图 9-35　文本框的图形效果设置示意

（6）调整文本框大小。你可以通过在画布直接选择文本框，然后拖动它周围的 8 个大小修改句柄来调整文本框的大小，如图 9-36 所示。你也可以以像素为单位，在宽度和高度字段中输入尺寸。选中保持宽高比复选框，以防止形状比例失真。

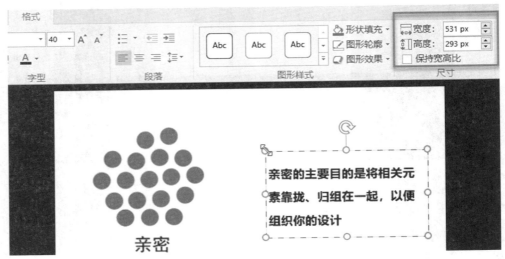

图 9-36　工作区的文本框大小调整操作示意

（7）调整文本框持续时间，用以调整文本框显示在视频中的时间长度。修改文本框持续时间最简单的方法是在时间轴上左右拖曳其边缘。也可以以秒为单位，在持续时间字段中输入相应数值，如图 9-37 所示。

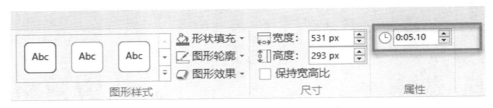

图 9-37　文本框持续时间设置示意

六、在演示文稿中调用屏幕录制项目

（1）你可以打开 iSpring 视频编辑器并调整屏幕录制内容，如修剪剪辑、删除背景噪声和应用淡入淡出效果，然后，将它插入演示文稿中或导出。

（2）选择文件菜单下保存项目选项，录制将以"＊.screenrec"格式保存。如果想重复使用屏幕录制文件或者使用 iSpring 视频编辑器编辑它，此选项很有用。具体操作如图 9-38 所示。

图9-38　屏幕录制项目文件的保存

（3）要在其他演示文稿中使用导出的项目文件，请先在演示文稿中选择需要插入屏幕录制项目的幻灯片。

（4）在演示文稿菜单栏选择 iSpring Suite 9 → 屏幕录制 按钮。

（5）打开 iSpring Cam Pro 程序启动窗口，浏览并选择保存的屏幕录制项目文件。

（6）选择 首页 → 保存并返回课程 ，将屏幕录制内容插入演示文稿中，如图9-39所示。

图9-39　将屏幕录制内容插入 PPT 操作示意

（7）如图9-40所示，这时，屏幕录制占位符会插入选定幻灯片中，你可以为它应用所有相关的 PPT 效果。

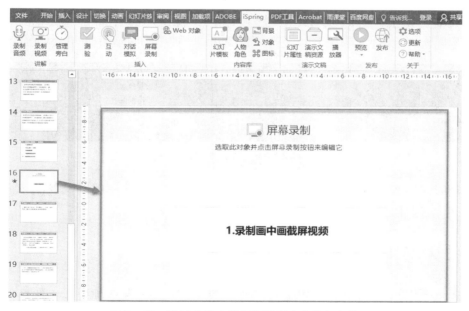

图9-40　演示文稿中的屏幕录制占位符幻灯片

(8)你可以随时通过在幻灯片上选择你的屏幕录制文件,再单击工具栏上的 屏幕录制 按钮,返回 iSpring Cam Pro 中编辑你的屏幕录制,如图 9-41 所示。

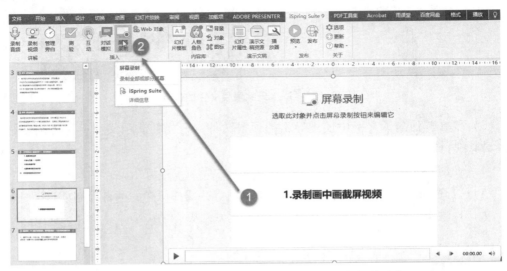

图 9-41　在演示文稿中调用 iSpring Cam Pro 操作示意

(9)系统会自动打开如图 9-11 所示的 iSpring Cam Pro 屏幕录制编辑窗口。

第三节　使用时间轴

时间轴表示当前项目中所有媒体元素放置在时间轴上的位置和顺序。媒体对象既可以位于不同轨道上,也可以在同一轨道上,图 9-42 即为时间轴面板的结构示意图。

图 9-42　时间轴面板结构示意

借助时间轴面板,你可以编辑视频、管理轨道、插入冻结框帧、调整音/视频播放速度。接下来向你介绍时间轴面板及如何实现这些功能。

一、认识时间轴面板

你可以使用时间轴面板上的剪贴板对时间轴上的媒体对象实施剪切、复制、粘贴、删除和切割等操作,控制视频的播放等功能。

（1）您可以在时间轴上通过剪贴板剪切、复制、粘贴对象，如图9-43所示。

图9-43　时间轴面板中的剪贴板管理操作示意

（2）删除对象。你可以在时间轴上选择需要删除的对象，然后点击 × 按钮，从时间线上删除选定的对象，如图9-43所示。

（3）要分割对象，请在时间轴上选择对象，并将光标放在要分割的位置上，然后单击分割按钮，该对象将分为两部分，操作如图9-44所示。

图9-44　时间轴上视频剪辑的分割操作示意

（4）播放管理控制台。播放控制面板允许你从一个元素切换到另一个元素，启动和停止视图，并可以左右移动光标，如图9-45所示。

图9-45　时间轴的播放控制面板

二、编辑视频

利用时间轴，你可以选择视频区域、选择对象、删除和切割对象等。

（1）选择区域。要选择时间轴上的特定区间，请在起点处按下鼠标左键，再拖曳鼠标至选择区间的终点后释放，如图9-46所示。

图 9 – 46　时间轴上区域选择示意

（2）要删除所选区域，请在图 9 – 46 中单击删除按钮，所有后续内容项都将移到左侧。

（3）要在时间轴上选择对象，请在时间轴上单击该对象，对象将在时间轴和画布上突出显示，如图 9 – 47 所示。

图 9 – 47　选择对象在时间轴和工作区高亮显示示意

（4）要选择多个对象，请在它们上单击鼠标左键，同时按住 Shift 键。

（5）要选择时间轴上的所有对象，请按键盘上的 Ctrl + A 组合键。

（6）要从时间轴删除对象，请选择该对象后，单击图 9 – 46 中的删除按钮。

（7）要分割对象，请在时间轴上选中它，将光标置于分割位置，然后单击图 9 – 46 的分割按钮或键盘上的 S 键。该对象将分为两部分。

三、管理轨道

对象添加到项目后会在单独的轨道上显示。新加入对象将添加到当前光标位置最上方的轨道上。如果轨道上已有其他对象，新资源会添加到新轨道。轨道上的每个对象既可以沿着它的当前所在轨道移动，也可以移动到其他轨道。本节向你介绍如何添加、移动、删除、隐藏和锁定轨道。

（1）添加轨道。要添加新轨道，请单击时间轴左上方的 + 图标，会在现有轨道上方添加新轨道，如图 9 – 48 所示。

图 9 – 48　借助时间轴添加新轨道操作示意

（2）特定位置添加轨道。要在特定位置添加轨道，请右键单击现有轨道，然后在快捷菜单中选择 添加轨道 菜单项，如图 9 – 49 所示。

图 9 – 49　在特定位置添加轨道操作示意

（3）移动轨道。您可以右键单击想移动的轨道，然后在弹出的快捷菜单中选择 移动轨道 ，再从中选择 向上 或 向下 菜单项，如图 9 – 50 所示。

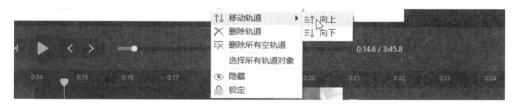

图 9 – 50　时间轴轨道的移动操作示意

（4）删除轨道。请右击拟删除的轨道，弹出图 9 – 50 所示的快捷菜单，从中选择 删除轨道 菜单项。如果项目包含多个空轨道，可以选择 删除所有空轨道 。

（5）隐藏轨道。你可以在时间轴上单击要隐藏的轨道左侧的眼睛图标，轨道会隐藏，且不会显示在画布上和最终的视频中，如图 9 – 51 所示。

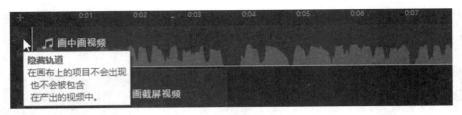

图9-51 时间轴中轨道的隐藏操作示意

如图9-52所示,你可以右击轨道的空白处,在弹出的菜单中选择 隐藏 来隐藏该轨道。

图9-52 通过轨道空白处隐藏轨道的操作示意

(6)显示轨道。单击交叉眼睛图标,恢复画布上隐藏的轨道,如图9-53所示。

图9-53 时间轴中恢复隐藏的轨道操作示意

(7)锁定轨道。为了防止错误编辑或移动,你可以单击左侧的锁定图标,锁定相应轨道,如图9-54所示。你也可以通过右击空白处并在快捷菜单中选择 锁定 。

图9-54 时间轴上轨道的锁定操作示意

(8)解锁轨道。单击解锁图标将解锁被锁定的轨道,如图9-55所示。

图9-55 轨道的解锁操作示意

四、插入冻结帧

若视频剪辑带有单独录制的音频，则在视频中插入冻结帧非常有用。使用此选项，你可以延长视频序列的长度，从而使它与音频讲解同步。例如，如果音频讲解比视频长，你可以在视频末尾插入一个冻结帧，从而匹配音频讲解长度。在视频剪辑中添加冻结帧的具体操作步骤如下：

（1）在时间轴上将光标放置在视频轨道中需要添加冻结帧的位置。

（2）右键单击视频轨道，然后在弹出的快捷菜单中选择 插入冻结帧 或按下键盘快捷键 Ctrl + E 添加冻结帧，如图 9 – 56 所示。

图 9 – 56　视频轨道中添加冻结帧操作示意

（3）光标插入点位置会插入 1 秒的冻结帧。它是该帧在光标左侧的精确副本，如图 9 – 57 所示。

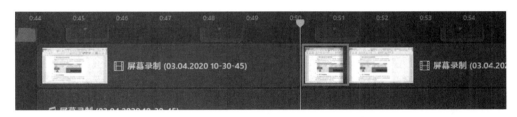

图 9 – 57　时间轴的冻结帧添加效果示意

（4）光标不能放在两个对象间的过渡效果上，否则不能插入冻结帧，如图 9 – 58 所示。

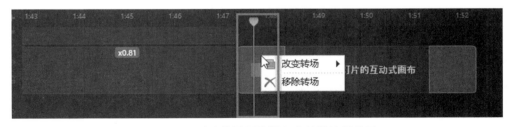

图 9 – 58　过渡效果不能插入冻结帧演示效果

五、修改视频和音频速度

若需要同步音/视频或使视频片段更具动感,则调整音频或视频播放速度很有用。例如,你可以加快描述软件安装过程这部分相对冗长视频的速度。如果音频讲解的持续时间长于视频片段,则可以放慢视频播放的速度,从而让其长度与音频匹配。默认情况下,音/视频速度为1,你可以加快或放慢播放速度。

要改变音频或视频播放速度,请参考以下操作步骤:

(1) 在时间轴上选择一个需要调整播放速度的音频或视频轨道。

(2) 右键单击所选轨道,然后在菜单中选择 变更速度 选项,如图9-59所示。

图9-59 音/视频播放速度变更操作示意

(3) 您可以沿左(A)或右(B)方向拖动滑块标记,轨道上部的提示信息(C)显示播放速度增加或减少的倍数,如图9-60所示。

图9-60 音/视频播放速度的调整示意

(4) 如果想重置音/视频剪辑的播放速度,请在时间轴上右键单击所选轨道,然后单击图9-59中的 重置速度 菜单项,剪辑的播放速度将恢复为原始值。

第四节 管理画布

画布是屏幕录制中的媒体对象编辑区域。你可以向画布中添加和移动对象,修改画布大小,裁剪画布对象,调整画布对象顺序。

画布设置包括颜色修改和大小修改,具体操作如下:

(1) 要设置画布大小,请单击工具栏的 属性 按钮,弹出如图9-61所示的项目属性窗口,从中选择一个预设尺寸或自定义画布尺寸。

图 9-61　项目属性设置窗口

(2) 修改画布尺寸。你可以在菜单栏选择 选项 → 尺寸 ,在 宽度 和 高度 字段中修改画布尺寸,如图 9-62 所示。这个操作不会影响视频本身的大小。

图 9-62　画布现实尺寸的调整

(3) 单击画布右侧的 + 和 - 按钮,调整画布的显示比例,如图 9-63 所示。

图 9-63　画布显示比例的调整示意

(4) 你可以通过按下 Ctrl 键的同时滚动鼠标滚轮的方式放大或缩小画布。

要改变画布的颜色,请执行以下操作:

(1) 单击 iSpring Cam Pro 工具栏上的 属性 按钮,打开项目属性窗口。

(2) 单击 颜色 矩形,再在打开的调色板中选择所需颜色后单击 确定 按钮,如图 9-64 所示。

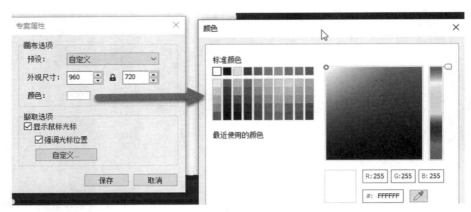

图 9-64 画布颜色的选择示意

一、使用画布上的对象

(1) 选择画布上的对象。你可以通过鼠标单击的方式选择画布上的视频、图片等对象。选定后的对象在画布和时间轴上会突出显示。具体操作如图 9-65 所示。

图 9-65 画布或时间轴中的对象选择示意

（2）在画布上移动对象。请选择要移动的对象并将其拖动到画布中的任意位置。只有位于画布内的对象会显示在发布的视频中，左侧画布外的则不会显示，如图 9 – 66 所示。

图 9 – 66　部分区域移动到画布外的图片

（3）调整对象大小。要调整画布中的对象大小，请选择它并拖动图片边框上的标记。要按比例修改大小，请按住 Shift 键。

（4）裁剪对象。在画布上选择要裁剪的图片或视频，再单击工具栏上的 裁剪 按钮，对象周围会出现裁剪标记。抓住中心或对角的裁剪器并拉向图片中心，删除不必要的部分。要完成编辑，请单击图片区域外部或按键盘上的 Esc 键，操作如图 9 – 67 所示。

图 9 – 67　视频或图片的裁剪操作

注意：如果裁剪范围过大，你可以抓住标记并将其从中心向边缘拉回。原始图片或视频保持不变且可编辑，但幻灯片上看不到裁剪的边缘。

（5）复制和粘贴对象。要复制画布上的对象，右键单击它，从出现的菜单中选择 复制 ，或按键盘上的 Ctrl + C 组合键，将对象复制到剪贴板，然后在键盘上按下 Ctrl + V 组合键或右键单击画布上任意位置，在弹出的快捷菜单中选择 粘贴 。

（6）删除对象。先在画布中选择要删除的对象，然后按键盘上的 Delete 键。或使用鼠标右键单击它,再从快捷菜单中选择 删除 ,将对象从画布中删除。

二、设置过渡效果

你可以给时间轴上每个对象的开始和结束处添加淡入、擦除、拆分等过渡效果。此外,在两个对象重选处会自动添加过渡效果。要添加过渡效果,请按照以下步骤进行操作:

(1)在 iSpring Cam Pro 工具栏上单击 过渡效果 按钮,如图 9-68 所示。

图 9-68　iSpring Cam Pro 的视频过渡效果按钮

(2)视频编辑器左侧将显示如图 9-69 所示的过渡效果列表菜单。

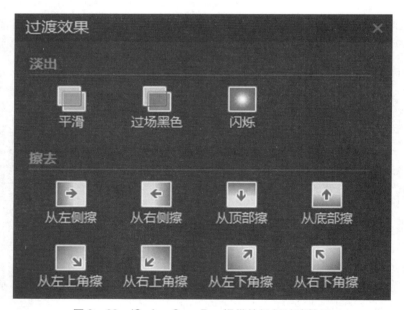

图 9-69　iSpring Cam Pro 提供的视频过渡效果

(3)使用鼠标左键选择所需过渡效果并将它拖动到所需剪辑的开头或结尾。如果将过渡效果放置在对象中间,它将出现在开头和结尾,如图 9-70 所示。

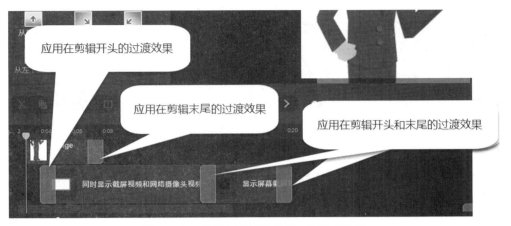

图 9-70 剪辑中的过渡效果应用位置示意

（4）要找出剪辑所应用的过渡效果及其持续时间，请将光标移到它上面，稍等片刻，会弹出显示过渡效果及其时间的气泡，如图 9-71 所示。

图 9-71 过渡效果及其显示时间的显示

（5）替换和删除过渡效果。将所选过渡效果替换为另一个过渡效果，或将其从上下文菜单中删除。为此，请右键单击过渡并从菜单中选择一个操作，如图 9-72 所示。

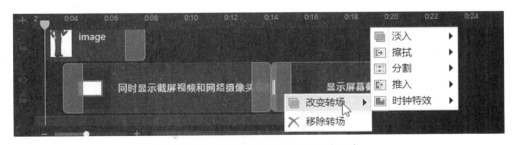

图 9-72 过渡效果的替换和删除示意

（6）修改过渡持续时间。默认过渡时间是 1 秒。如果你需要增加或减少过渡时间，请在时间轴上单击它，然后通过拖动它的边框调整持续时间，如图 9-73 所示。

221

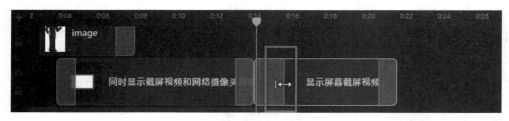

图 9-73　过渡持续时间调整示意

你可以将相同的过渡效果应用于项目中的所有对象或所选对象。此外，你还可以同时为多个对象设置过渡效果，具体操作步骤如下：

（1）选择时间轴上的所需对象。要选择所有对象，请按下键盘上的 Ctrl + A 组合键。

（2）在工具栏上，单击 过渡效果 按钮，打开所有可用过渡效果的列表。

（3）使用鼠标左键选择并拖曳所需过渡效果至选定对象，将效果应用于所选对象。

三、项目的保存和迁移

你可以将 iSpring Cam Pro 项目导出到另一台电脑。这样，你可以白天在台式机上处理视频，回家后继续使用笔记本电脑工作，或将项目发送给同事。

（1）首先，在应用程序菜单上单击 汇出项目… 菜单项，如图 9-74 所示。

图 9-74　录制屏幕快捷菜单中的汇出项目菜单项

（2）弹出标准导出文件窗口，请你选择导出位置后单击 保存 按钮。

（3）导出项目操作会导出项目文件、包含添加到项目中的所有资源的 Data 文件夹和共享资源文件夹 Shared data，如图 9-75 所示。

第九章 利用 iSpring Cam Pro 制作屏幕录制

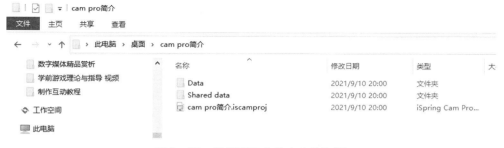

图 9-75 导出项目文件夹中的资源

（4）选择项目文件和资源文件夹，并将它们压缩为 Zip 或 RAR 文档。

（5）你可以通过电子邮件、QQ、微信等分享项目，上传到云平台或复制到 U 盘中。

第五节 发布视频

（1）完成项目编辑后，请单击视频编辑窗口工具栏的 发布 按钮。

（2）弹出如图 9-76 所示的发布视频项目窗口。

图 9-76 iSpring Cam Pro 视频发布窗口

（3）在 项目名称 字段中设置项目的名称。

（4）在 文件夹 字段中设置输出视频的位置。具体含义见第十一章的介绍。

（5）在输出选项窗格设置发布视频的属性：

a）格式，视频默认以 MP4 格式发布。

b）显示大小，是否根据浏览器窗口大小调整或缩放设置大小。

c）质量，修改添加的音/视频文件质量。质量越高，输出视频越大。

第六节 小　　结

　　本章向你介绍了如何利用 iSpring Cam Pro 录制教育视频。首先，本章介绍了如何新建屏幕录制，包括如何修改录制设置，如何录制屏幕、录制摄像头视频、录制带有注释的软件操作教程。其次，本章还介绍了如何编辑录制的屏幕视频，包括添加屏幕录制视频、添加视频、添加音频、添加图片、添加文本，以及如何在演示文稿中调用录制的屏幕项目。再次，本章介绍了视频编辑中的时间轴编码，以及如何利用时间轴编辑视频、管理轨道、插入冻结帧，修改音/视频的播放速度。最后，本章还介绍了如何管理画布，包括使用画布中的对象、设置过渡效果、设置视频的属性、如何发布视频等内容。

第十章　向课程中添加学习材料

通过前面的学习，你已经掌握了在 iSpring Suite 9 的不同套件中独立制作测试、互动模块、模拟情境对话和教育视频的方法，但它们只有结合在一起，才能真正发挥各自的优势，增强演示效果，为学习者提供更加完整的数字化学习体验。其中，iSpring Suite 9 是最为核心的软件，用于在演示文稿中集成上述套件产品所开发的各类数字化学习资源。

你可以通过演示文稿的 iSpring Suite 9 菜单插入测验、互动模块和模拟情境对话、教育视频等对象；你也可以先在相应软件中创建上述学习材料，再导入演示文稿中。你还可以在幻灯片属性窗口插入测验、互动模块和模拟情境对话对象并设置它们的属性。由于测验、互动模块、模拟情境对话、屏幕录制和 Web 对象都会占据整张幻灯片空间并会覆盖其他已有内容，且不会和其他幻灯片对象组合在一起，因此，建议你在空白幻灯插入上述学习资源。此外，你还可以通过 Web 对象按钮插入网页、在线文档和本地文件等参考资料。本章主要内容包括如何插入互动模块、测验、模拟情境对话和教育视频等学习资源；本章还将介绍如何创建电子书和插入 Web 对象。

第一节　向课程中添加测验

虽然 iSpring QuizMaker 9 程序可以单独运行，但它和 iSpring Suite 9 协同使用的表现更好。如果你希望了解学习者的学习情况，或者获得他们的学习反馈信息，可以在课程适当位置添加 iSpring QuizMaker 9 创建的交互式测验或调查问卷。

一、添加测验

要向课程中添加测验或调查问卷，请参考以下步骤进行操作：

（1）在演示文稿中选择一张需要插入测验的幻灯片。由于插入的测验会覆盖选定幻灯片中的内容，建议你先建立一张空白幻灯片，用于放置后续添加的测验。

（2）在演示文稿的菜单栏中选择 iSpring Suite 9 → 测验，如果是新建立的未保存演示文稿，系统会弹出保存文件对话框，提示你在插入测验前先保存演示文稿。

（3）系统自动启动如图 6-1 所示的 iSpring QuizMaker 9，并弹出新建测验窗口。

（4）根据需要建立新测验或调查问卷，或导入 iSpring QuizMaker 9 已有的测验或调查问卷。

（5）完成测验的编辑后，在 iSpring QuizMaker 9 的菜单栏中单击 保存并返回课程 按钮，系统会自动返回演示文稿且会自动将测验添加到选定幻灯片上，如图 10 – 1 所示。

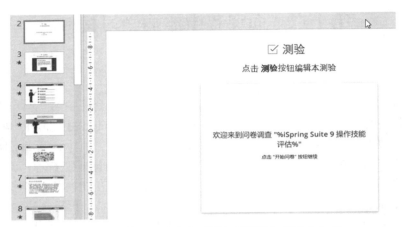

图 10 – 1　演示文稿中自动添加的测验幻灯片占位符

注意：在 iSpring QuizMaker 中，您可以设置用户单击关闭按钮后将被重定向到的 URL，但 URL 跳转在插入演示文稿的测验中不起作用。更多关于测验的信息见第六章。

二、编辑测验

你可以随时参考以下两种方法，随时编辑插入演示文稿中的测验对象：

第一种方法：先在演示文稿中选择插入了测验的幻灯片，再在菜单栏选择 iSpring Suite 9 → 测验 ，在启动 iSpring QuizMaker 的同时加载其中的测验，操作如图 10 – 2 所示。

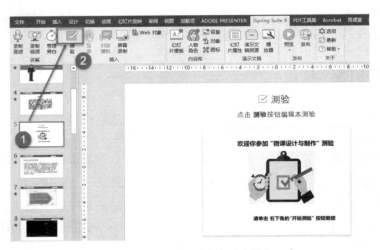

图 10 – 2　选择需要编辑的测验操作示意

第二种方法的操作步骤如下：

（1）单击工具栏上的 幻灯片属性 按钮，弹出如图 10-3 所示的幻灯片属性窗口。

（2）单击需要编辑测验的幻灯片右侧对象列对应的 测验 → 编辑 菜单项。

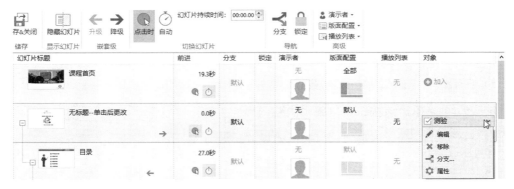

图 10-3　幻灯片属性窗口中的测验下拉按钮

（3）在自动启动的 iSpring QuizMaker 9 中编辑测验，完成后单击工具栏的 保存并返回课程 按钮。

三、删除测验

iSpring Suite 9 为你提供了两种从演示文稿中删除测验的方法。删除模拟情境对话、互动模块的操作与此类似，故后面不再赘述。

第一种方法很简单，你只需选择需要删除测验的幻灯片，再按下键盘的 Delete 键，在删除幻灯片的同时删除测验。

第二种方法：

（1）选择带有测验的幻灯片。

（2）单击工具栏上的 幻灯片属性 按钮，打开幻灯片属性窗口。

（3）选择测验幻灯片对象列的 测验 → 移除，如图 10-3 所示。

（4）弹出图 10-4 所示的删除测验消息对话框，询问你是否需要删除测验。

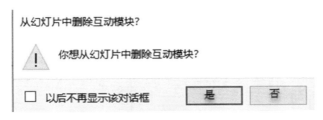

图 10-4　删除测验消息对话框

（5）单击幻灯片属性工具栏的 保存&关闭 按钮，返回演示文稿编辑界面。

四、设置测验属性

你可以参考以下步骤，在幻灯片属性窗口中设置测验的多种属性，例如，是否允许学习者在测验幻灯片后查看演示文稿内容：

（1）单击对象列中的 测验 按钮，弹出包含以下选项的测验设置下拉菜单：

a) 移除 。用于从幻灯片中删除测验。

b) 编辑 。单击该按钮可以编辑测验内容。

c) 分支… 。选择该选项可以为测验设置跳转分支。

d) 属性 。用于设置测验的各种属性。

（2）在下拉菜单中选择 属性 选项，弹出图10-5所示的测验属性窗口，在测验后检视幻灯片窗格中，根据自己的测验要求，选择一个学习者在完成测验之后查看后续幻灯片的条件。

a) 随时。学习者可以随时查看幻灯片内容。

b) 尝试测验后。学习者只有完成测验后才能查看幻灯片内容。

c) 通过测验后。学习者通过测验后才能查看幻灯片内容。

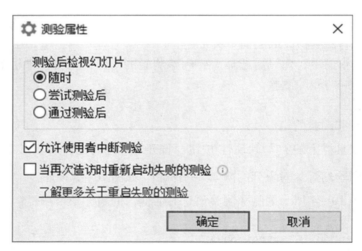

图10-5　测验属性设置窗口

（3）如果选择 允许使用者中断测验 ，无论学习者是否完成或通过测验，均可以跳过测验并转入另一张幻灯片。

（4）如果选择 当再次造访时重新启动失败的测验 ，学习者每次返回包含测验未通过的幻灯片时，会重新启动测验。

（5）完成设置后，单击 确定 按钮。

五、设置测验分支

你可以根据测验结果，在测验分支中将学习者引导至特定的幻灯片：

（1）在幻灯片属性窗口中选择插入了测验的问题幻灯片。

（2）在工具栏上选择 分支 按钮，打开如图10-6所示的分支选项窗口。

（3）切换到 测验分支 选项卡中，设置学习者测验通过和失败的完成操作。在默认情况下，学习者在测验通过后会被带至下一张幻灯片。

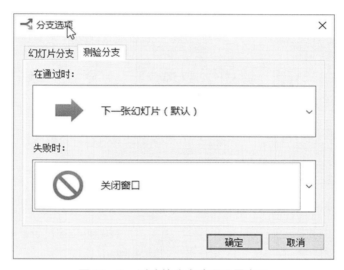

图10-6　测验的分支选项设置窗口

（4） 在通过时 下拉菜单项中，设置学习者通过测试后单击 完成 按钮执行的操作。其中可用的操作如下：

a）下一张幻灯片。

b）关闭窗口。

c）跳转到设置有序号的某一张幻灯片。

d）测验通过时结果幻灯片所定义的完成操作。（当把测验插入演示文稿中时，结果幻灯片中设置的跳转到 URL 这个选项无效）

（5）设置失败时选项。该选项定义测验失败时，学习者单击 完成 按钮执行的操作，可用选项包括：

a）下一张幻灯片。

b）关闭窗口。

c）跳转到设置有序号的某一张幻灯片。

此外，你还可以设置学习者跳过测验时将执行的前进和后退操作。

（6）切换到如图10-7所示的幻灯片分支选项卡，你可以通过调整导航按钮（前进分支/跳过测验）的选项，让学习者进入以下任意一个分支：

a）下一张幻灯片/上一张幻灯片。

b）任何设置的幻灯片。

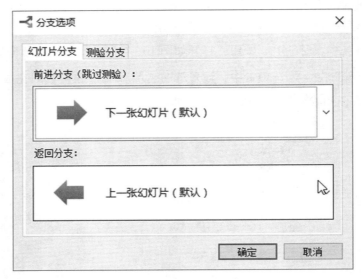

图10-7　测验的幻灯片分支选项窗口

c）你可以在前进分支选择无，禁用跳过测验的功能，操作如图10-8所示。

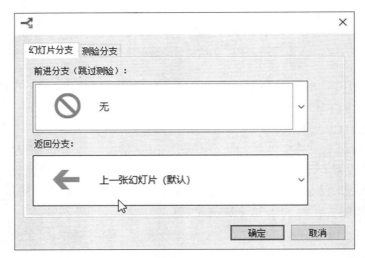

图10-8　幻灯片分支选项设置操作示意

六、设置重新启动失败的测验

数字化学习课程中通常包括测试学习者知识的测验。你可以将学习者未通过测验的课程设置为未完成或不允许他们访问后续学习内容，而是必须重修课程和再次参加测验。

设置学习者未通过测验时，重新启动失败的测验的操作步骤如下：

（1）打开你要在其中插入测验的演示文稿。

（2）在演示文稿中需要插入测验的位置新建一张空白幻灯片。

（3）在所选的空白幻灯片上添加测验。

（4）在 iSpring QuizMaker 9 功能区上单击 属性 按钮，打开测验属性窗口。

（5）在图 10-9 所示的问题属性窗口中，将限制窗格的 尝试次数 字段设置为 1。

图 10-9　测验问题属性窗口中的限制窗格设置示意

（6）单击 确定 按钮，关闭测验属性窗口。

（7）在 iSpring QuizMaker 9 菜单中单击 保存并返回课程 ，返回演示文稿界面。

（8）在演示文稿菜单栏中选择 iSpring Suite 9 → 幻灯片属性 ，打开幻灯片属性窗口。

（9）在幻灯片对象列中选择 测验 → 属性 。

（10）在弹出的测验属性窗口中选择 当再次造访时重新启动失败的测验 。

（11）在测验后检视幻灯片窗格中选择 通过测验后 。这样，除非通过了测验，否则用户将无法跳转到演示文稿中的下一张幻灯片，操作如图 10-10 所示。

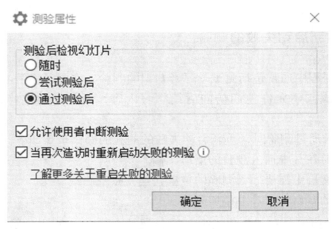

图 10–10　测验后检视幻灯片动作设置示意

（12）现在，你需要设置分支，以便根据测验结果将用户定向到指定幻灯片。请选择带有测验的幻灯片，单击 测验 图标，打开幻灯片属性设置窗口。

（13）在幻灯片属性窗口中单击对象列选择 测验 → 分支 。

（14）在测验分支选项卡中将 在通过时 设置为 下一张幻灯片 ，失败时设置为课程的第一张幻灯片，如图 10–11 所示。这样，学习者通过测验后会前进到下一张幻灯片，失败时则会被引导至课程的第一张幻灯片。

图 10–11　测验分支中的成功和失败分支设置示意

（15）若要禁止学习者通过大纲从测验切换到演示文稿中的另一张幻灯片，请在幻灯片属性窗口中将该幻灯片的布局设置为 没有侧边栏 ，如图 10–12 所示。

图 10-12　测验幻灯片的布局设置示意

（16）在幻灯片属性窗口工具栏中单击 保存 & 关闭 按钮，返回演示文稿窗口。

（17）保存修改并发布课程。这样，课程就包含一个必须通过的测验。否则，课程将不会被标记为已完成。如果测验失败，学习者需要重新访问该课程并再次参加测验。

第二节　添加模拟情境对话

使用 iSpring TalkMaster 程序，你可以轻松地建立基于演示文稿的模拟情境对话课程。删除模拟情境对话的操作和测验高度相似，因此这里不再赘述。

一、在演示文稿中添加模拟情境对话

要在演示文稿中添加模拟情境对话，请执行以下操作：

（1）在演示文稿菜单栏中选择 iSpring Suite 9 → 对话模拟 。

（2）若此前未保存演示文稿，会弹出保存演示文稿对话框。

（3）弹出新建模拟情境对话窗口，你可以选择以下任意一个操作：

a）创建新的模拟情境对话。选择该选项后，iSpring TalkMaster 9 会正常启动和创建新模拟对话，工具栏的 发布 按钮会被 保存和返回课程 按钮所替代，完成编辑后，单击该按钮后会将模拟对话文件插入当前选定的幻灯片上。

b）从文件导入。如果你有现成的模拟对话，可以选择并插入幻灯片中。

（4）如果创建新的建模拟对话，创建类似图 10-13 的模拟情境对话文件，请你为它添加场景、选择角色和背景，使模拟情境对话显得更加真实。

图 10-13　新建的模拟情境对话场景编辑窗口

（5）对模拟情境对话进行必要修改后，单击工具栏的 保存和返回课程 按钮。

（6）你的模拟情境对话将被添加到演示文稿的指定幻灯片上，如图 10-14 所示。

图 10-14　幻灯片中的模拟情境对话幻灯片

二、设置模拟情境对话的分支

你可以根据模拟情境对话学习结果,决定是否中止模拟情境对话,抑或将未通过模拟情境对话的学习者引导至与学习内容相关的幻灯片。

要设置模拟情境对话的分支,请按以下步骤进行操作:

(1) 在演示文稿的菜单栏选择 iSpring Suite 9 → 幻灯片属性 ,打开幻灯片属性窗口。

(2) 在幻灯片属性窗口中,在带有模拟情境对话的幻灯片的 对象 列选择 模拟情境对话 → 分支... ,如图 10 – 15 所示。

图 10 – 15 模拟情境对话菜单的分支选项

(3) 打开图 10 – 16 所示的分支窗口,从中选择模拟情境对话分支选项卡。

图 10 – 16 模拟情境对话分支菜单

(4) 选择学习者通过模拟情境对话或失败时的操作,可选动作如下:

a) 下一张幻灯片(默认)。
b) 关闭窗口。

c）设置的一张演示幻灯片。

（5）要保存修改，请单击 确定 按钮。

（6）单击幻灯片属性窗口工具栏上的 保存 & 关闭 按钮。

（7）选择 幻灯片分支 → 向前分支（跳过模拟情境对话时），设置是否允许学习者跳过模拟情境对话的操作，如图 10 – 17 所示。可选项有：

a）如果允许跳过模拟情境对话，请选择 下一张幻灯片（默认）或列表中的任意一张演示幻灯片。

b）要禁止用户跳过模拟情境对话，请选择 无。

（8）单击 确定 按钮完成模拟情境对话分支的设置。

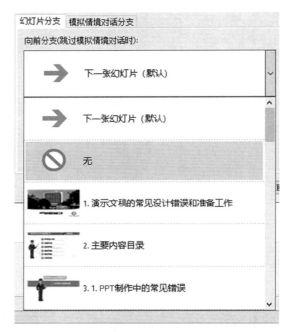

图 10 – 17　幻灯片分支设置示意

三、设置模拟情境对话属性

（1）在演示文稿的菜单栏中选择 iSpring Suite 9 → 幻灯片属性。

（2）在打开的幻灯片属性窗口中，选择带有模拟情境对话的那张幻灯片。

（3）在模拟情境对话幻灯片的对象列选择 模拟情境对话 → 属性。

（4）弹出如图 10 – 18 所示的模拟情境对话属性窗口，设置离开模拟情境对话的条件：

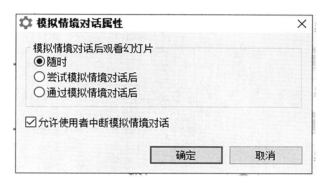

图 10 - 18　模拟情境对话属性设置窗口

a）随时：学习者可以随时离开模拟情境对话并浏览其他幻灯片。
b）尝试模拟情境对话后：学习者必须尝试模拟情境对话后才能查看幻灯片。
c）通过模拟情境对话后：学习者通过模拟情境对话后才能查看幻灯片。

（5）允许使用者中断模拟情境对话。如果选中此复选框，无论学习者是否完成或通过模拟情境对话，均可以跳过模拟情境对话并转入另一张幻灯片。

第三节　设置互动模块

iSpring Suite 9 为你提供了先在 iSpring Visuals 9 中创建互动模块，再将它插入 iSpring Suite 9 中，并在其中打开 iSpring Visuals 9 创建的互动模块的灵活性。

一、添加互动模块

要在已打开的演示文稿中插入互动模块，请你参考以下步骤进行操作：
（1）选择要插入互动模块的幻灯片。
（2）在演示文稿菜单栏中选择 iSpring Suite 9 → 互动 。
（3）在弹出的创建互动模块对话框中，新建或导入已有的互动模块文件。
（4）如果新建互动模块，在新建互动模块对话框中选择一种互动模块类型。
（5）向互动模块中添加必要的文本和媒体，并为它设置相应属性。
（6）编辑互动模块内容后，单击工具栏的 保存并返回课程 按钮，如图 10 - 19 所示。

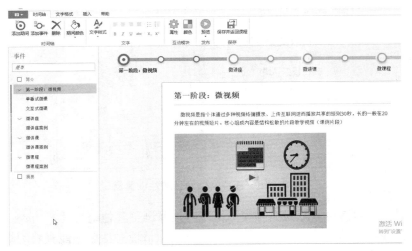

图 10-19　互动模块的编辑

（7）互动模块将放置在演示文稿的选定幻灯片上。更多关于互动模块的信息，请阅读第七章的内容。

二、编辑互动模块

有两种方法可以编辑已插入演示文稿中的互动模块。

（一）第一种方法

（1）先在演示文稿中选择带有互动模块的幻灯片，再在菜单栏选择 iSpring Suite 9 → 互动 按钮，如图 10-20 所示。

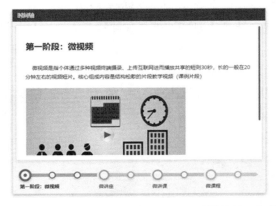

图 10-20　在演示文稿中选择插入互动模块的幻灯片

（2）在 iSpring Visuals 9 完成对互动模块的修改后，单击 保存＆关闭 按钮。

（二）第二种方法

（1）在演示文稿菜单栏选择 iSpring Suite 9 → 幻灯片属性 ，打开图 10–21 的幻灯片属性窗口。

（2）选择互动模块幻灯片对象列 互动模块 → 编辑 ，启动 iSpring Visuals 9。

图 10–21　互动模块幻灯片的互动模块下拉菜单

（3）编辑互动模块后，单击工具栏的 保存并返回课程 按钮，系统会自动关闭 iSpring Visuals 9 并返回演示文稿编辑窗口。

三、设置互动模块属性

设置幻灯片中的互动模块属性的操作步骤如下：

（1）在演示文稿的菜单栏中选择 iSpring Suite 9 → 幻灯片属性 。

（2）选择互动模块幻灯片右侧对象列的 互动模块 → 属性 菜单项，如图 10–21 所示。

（3）弹出图 10–22 所示的互动模块属性窗口。这些互动选项的含义如下。

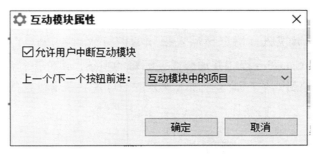

图 10–22　互动模块属性设置窗口

a）允许用户中断互动模块。该选项允许学习者随时中断互动模块，继续浏览课程中的其他幻灯片。若禁用此选项，学习者需要先完成互动模块内容，才能查看其他幻灯片。

b）上一个/下一个按钮前进。它允许选择要改变的对象：互动模块对象或幻灯片。

（4）根据需要配置你的互动模块，再单击 确定 按钮。

（5）单击幻灯片属性工具栏上的 保存 & 关闭 按钮。

第四节　创建带有教育视频的课程

视频是传递信息最有效的方法之一。当向学习者讲解软件功能或在线学习平台配置的时候，提供具有身临其境效果的演示视频可以增加学习者的参与度，并帮助他们录制行动过程。在演示文稿中添加带有屏幕录制视频的课程的步骤如下：

（1）在演示文稿的菜单栏中选择 iSpring Suite 9 → 屏幕录制 按钮。

（2）在弹出的启动 iSpring Cam Pro 应用程序对话框中，选择下面任一选项：
a）选择之前创建的屏幕录制。
b）创建新的录制或项目。
c）以现成项目为例，单击 浏览 按钮，在标准的打开文件窗中选择需要的视频文件。

（3）选择要录制的内容：你可以选择录制屏幕、网络摄像机或同时录制两者。各选项含义，请参考利用 iSpring Cam Pro 录制屏幕视频的相关内容。

（4）接下来，在 录制区域 中选择录制 屏幕 、 幻灯片 或 特定应用程序 。

（5）单击红色的录制按钮，开始进行录制。

（6）录制完成后，按下键盘上的 F10 键或单击 Stop 按钮，结束录制。

（7）iSpring Cam Pro 编辑窗口会自动打开，你可以在其中编辑录制内容，添加注释、图片、音频和视频录制，在视频的各个部分之间应用平滑过渡等效果。

（8）在菜单栏中选择 首页 → 保存并返回 ，录制内容插入幻灯片并自动返回演示文稿，你的视频录制将放置在演示文稿的选定幻灯片上。

（9）如果要编辑视频，请选择插入视频的幻灯片，再单击工具栏的 屏幕录制 按钮，会启动 iSpring Cam Pro 程序并加载需要编辑的视频，供你进行编辑。

（10）要删除录制视频，请选择插入视频的幻灯片后单击键盘的 Delete 键。

第五节　创建电子书

作为 iSpring Suite 9 的套件，iSpring Flip 9 可以将 PPT、Word 和 PDF 文档转换成交互式电子书。iSpring Flip 9 创建电子书的操作很简单，具体步骤如下：

(1) 要开始创建电子书,请打开 iSpring Suite 9 的快速开始窗口。

(2) 打开 书 选项卡,并从 PDF、Word 和 PPT 中选择要转换的文档类型,如图 10 - 23 所示。

图 10 - 23　快速开始窗口的图书选项卡

(3) 预览书籍。在发布前,你可以单击工具栏上的 预览 按钮,在新窗口打开电子书,轻松预览电子书及其在各种移动设备上的外观和功能,如图 10 - 24 所示。

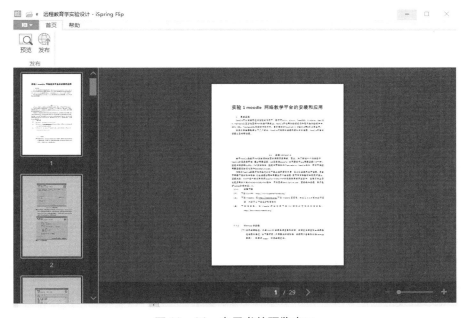

图 10 - 24　电子书的预览窗口

（4）你可以检查电子书在平板电脑、智能手机或计算机上的外观，如图 10 – 25 所示。

图 10 – 25　电子书在不同设备的预览效果

（5）要从头开始查看图书，请单击 回放 按钮。

（6）关闭预览窗口，返回工作区。

（7）在发布电子书窗口中选择发布目标并设置输出选项后单击 发布 按钮，如图 10 – 26 所示。

图 10 – 26　电子书的发布窗口

（8）在发布图书窗口中选择以下任意一个目标选项卡：
a）我的计算机。选择此选项以 HTML5 格式发布电子书。
b）LMS。选择此选项，会把电子书上传到 LMS。

第六节　插入 Web 对象

你可以在课程中插入 Web 网址、本地文件、嵌入代码的网页等 Web 对象。

一、插入网址

要在演示文稿中插入 Web 地址，请执行以下操作：
（1）先在演示文稿中选择要插入 Web 地址的幻灯片。
（2）在 PPT 的 iSpring Suite 9 菜单栏中单击 Web 对象 下拉按钮。
（3）在左上角的下拉菜单中选择 网址。
（4）在窗口的 网址 字段中输入网址，如图 10-27 所示，单击 预览 查看结果。
（5）在设定区域设置在幻灯片或新的浏览器窗口中打开网址。

图 10-27　插入网址设置窗口

（6）单击 确定 按钮，将 Web 对象插入幻灯片。

二、插入本地文件

如果要插入本地文件,请执行以下操作:

(1)单击 iSpring Suite 9 工具栏上的 Web 对象 按钮,弹出图 10-28 的设置窗口。

(2)在弹出的插入 Web 对象窗口左上角的下拉列表中选择 本机路径 。

(3)单击 浏览… 按钮,选择需要的文件后单击 预览 按钮,查看文件效果。

图 10-28 插入本地文件设置窗口

(4)如果希望将与所选文件位于同一文件夹中的所有文件和子文件夹添加到演示文稿中,请选中 包括所有文档和子活页夹 复选框。

(5)单击 确定 按钮,将本地文件插入选定的幻灯片中。

三、插入代码

从技术上讲,嵌入代码和插入 iframe 代码均可插入页面,但两者在形式上存在区别:iframe 代码是插入网页内容,而嵌入代码是插入外部 Web 应用程序(即视频)。这里以插入优酷视频为例,讲解如何插入嵌入代码:

（1）在优酷网站上找到需要的视频后，如图 10-29 所示，单击视频下面的 分享 按钮。

图 10-29　优酷视频的分享设置

（2）在打开的分享窗格中点击 复制通用代码 按钮，复制嵌入代码，如图 10-30 所示。

图 10-30　复制嵌入代码

（3）单击 iSpring Suite 9 菜单栏上的 Web 对象 按钮。

（4）在弹出的插入 Web 对象窗口中选择 嵌入代码 ，然后粘贴链接，如图 10-31 所示。

图 10-31　web 对象代码的嵌入操作示意

（5）根据需要，从以下两种方式中选择任意一种显示 Web 对象：

a）显示在幻灯片。Web 对象将在幻灯片上显示。你可以修改其大小和位置。

b）显示在一个新的浏览器窗口。Web 对象将在新的浏览器窗口中打开。此外，你可以配置浏览器窗口尺寸或使 Web 对象以全屏模式显示。

（6）在 停留几秒后显示 字段设置幻灯片打开后显示视频所需时间，默认为 0 秒。

（7）单击 确定 按钮，将 Web 对象插入选定的幻灯片中，如图 10 – 32 所示。

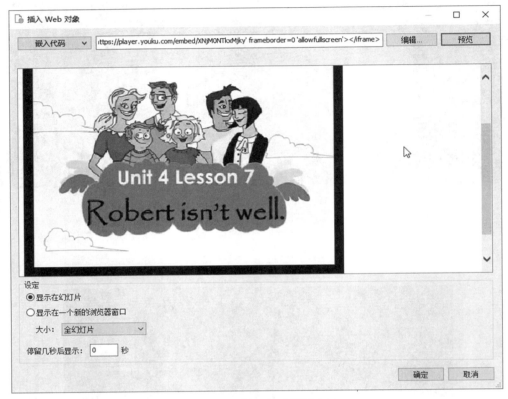

图 10 – 32　插入代码设置窗口

第七节　小　　结

本章向你介绍了如何在 iSpring Suite 9 中整合测验、互动模块、模拟情境对话、视频、电子书，让学习者可以通过 PPT 演示文稿获得知识，通过小测验检查他们的知识，通过对话模拟来掌握新技能，或者使用画中画视频创造身临其境的效果，从而创建出交互性和功能更加出色的数字化学习资源，让你的课程变得更加有趣，将数字化学习的效果推进到一个新的阶段。

此外，本章还向你介绍了如何插入 Web 对象和创建电子书，以便为学习者提供额外的拓展学习资料和外部链接。

第十一章 演示文稿的备份、预览和发布

至此，你已经利用 iSpring Suite 9 完成了课程的创建任务。这时，为了防止误操作或系统故障导致的文件丢失，你最好备份项目文件。若你想查看 iSpring Suite 9 项目的设计效果，则必须先将它发布为 HTML5 网页或 MP4 视频。而原始的演示文稿可以直接演示，这是它和发布后的课程的最大区别。

发布需要一定时间，因此，在正式发布前预览演示文稿有助于发现课程设计中存在的问题，节约开发时间。发布功能允许你查看演示文稿发布后的效果，确保演示文稿按照预设的方式运行。本章主要介绍如何导出设计好的项目、如何预览幻灯片、如何发布项目。

第一节 项目备份

你可以通过 iSpring Suite 9 的导出功能，同时备份包含讲解、互动模块、测验等在内的同名项目文件夹和演示文稿。建议你在完成演示文稿的制作后立即导出备份，因为它会给你带来多个好处：一是方便和同事共享项目和协作，二是创建资源备份。

你可以按照下列步骤备份 iSpring Suite 9 演示文稿：

（1）单击演示文稿的 文件 菜单。

（2）在弹出的文件下拉菜单中单击 共享 按钮，弹出如图 11 – 1 所示的共享演示文稿窗口。

图 11 – 1　PPT 的共享文件选项窗口

（3）在图 11-1 中单击 分享 iSpring Suite 项目 按钮。

（4）为了复制带有项目文件夹的演示文稿，请在图 11-1 中右侧单击 汇出专案导出 按钮，弹出如图 11-2 所示的导出 iSpring Suite 项目对话框。

图 11-2　iSpring Suite 项目导出对话框

（5）在 文件名 字段中设置导出项目名称。

（6）在 位置 字段中设置项目保存位置。你也可以单击 浏览… 按钮，再在弹出的对话框中选择保存导出项目的位置。

（7）如果你希望通过电子邮件发送项目，请选中 创建 Zip 压缩包 选项。Zip 压缩包中会包含你的演示文稿和项目文件夹的副本。

（8）在图 11-2 中单击 导出 按钮，iSpring Suite 9 会将演示文稿、讲解、测验等所有资源的副本导出到选定位置。

第二节　预览幻灯片

iSpring Suite 9 演示文稿在未发布之前，你无法了解它的外观和实际运行效果。预览是在发布项目前查看课程设置效果的好方法。与发布相比，预览时不会生成永久性文件，这有助于快速查看演示文稿在指定设备上的显示效果，发现设计中存在的可能错误。

你可以参考以下步骤，在 iSpring Suite 9 中预览演示文稿。

（1）在演示文稿的菜单栏中选择 iSpring Suite 9 → 预览 下拉按钮。

（2）你可以根据需要，在弹出的下拉菜单中选择一个预览选项。

（3）iSpring Suite 9 会弹出如图 11-3 所示的预览窗口。预览文件包含演示文稿的完整功能，包括播放器设置和附件。虽然预览过程中看到的绝大部分内容都会出现在发布作品中，但包括网络对象和打印结果（如果嵌入了测试题）等在内的几个项目不能在预览窗口中使用。

图 11-3　演示文稿的预览窗口

（4）预览窗口顶端的工具栏中共包含 7 个按钮，各按钮功能如下：

a）桌面计算机。预览课程在台式机或笔记本电脑上的显示效果。

b）横屏平板电脑。预览课程在横屏平板电脑上的显示效果。

c）竖屏平板电脑。预览课程在竖屏平板电脑上的显示效果。

d）横屏智能手机。预览课程在横屏智能手机上的显示效果。

e）竖屏智能手机。预览课程在竖屏智能手机上的显示效果。

f）回放。单击该按钮会重放当前幻灯片内容。

g）编辑幻灯片。单击该按钮会关闭预览窗口并返回幻灯片编辑窗口。

第三节　发布课程

如果预览发现课程达到了预定设计目标，你可以参照以下步骤发布课程。

（1）在 iSpring Suite 9 工具栏中单击 发布 按钮，打开发布演示窗口。

（2）弹出如图 11-4 所示的 发布演示文稿 窗口。你可以通过几次单击将演示文稿发布为 MP4 视频或 HTML5 网页，并调整输出演示文稿的外观设置。

（3）设置演示文稿发布的目标选项。发布窗口提供了以下目标位置：

a） 我的计算机 ：如果选择该选项，你不仅可以将输出的演示文稿保存在本地磁盘上，还可以通过互联网共享，也可以放在学校或组织内部的网络上。

b）LMS：选择此选项将把发布的演示文稿上传到诸如 Moodle 等 LMS 平台。

图 11-4　演示文稿发布窗口

　　(4) 设置输出选项。如果你在发布演示文稿时需要设置某个单独的设置，请浏览发布演示文稿窗口中的以下选项卡：

　　a) 格式。你可以为演示文稿选择 HTML5 或视频发布格式。

　　b) 播放器。选择将用于播放已发布演示文稿的播放器。

　　c) 尺寸。选择演示文稿在浏览器中的显示方式，包括显示大小。

　　d) 品质。改变添加到演示文稿中的图片、音频和视频文件的质量设置。

　　e) 保护。你可以使用密码保护课程、添加水印、设置时间限制，并可以限定播放的域名，以保护课程免受未经授权的访问和分发。

　　f) 发布。你可以设置发布的幻灯片数量或所有幻灯片。

　　g) 辅助功能。该功能允许你为有视觉障碍的用户创建可访问的内容。

接下来向你详细介绍这些不同的发布选项及其含义。

iSpring Suite 9 可以将演示文稿发布到本地计算机和 LMS（学习管理平台）。

（一）发布到我的计算机

如果你希望学习者通过本机或者网络访问课程，且不用跟踪学习进度和完成情况，那么"发布到我的计算机"就适合你（如果需要跟踪功能，请选择发布到 LMS）。下面向你介绍如何将演示文稿发布成适合网络浏览的数字化学习内容。

（1）在演示文稿菜单栏中选择 iSpring Suite 9 → 发布 。弹出发布演示文稿窗口。

（2）在如图 11-5 所示的发布演示文稿窗口左侧，选择 我的计算机 。

图 11-5　发布到我的计算机窗口

（3）设置项目名称。在 项目名称 字段中输入课程名称。默认情况下，它与演示文稿名相同。当然，你可以修改标题文本，该操作会改变以下几处的标题：

a）保存发布的作品文件夹。例如，如果标题文本包含"录音技巧"这段文字，发布作品时会在硬盘上创建一个名为"录音技巧（网站）"的文件夹。

b）浏览器标题栏。当学习者用浏览器浏览你发布的课程时会看到它。

c）如果播放器中包含标题。它将出现在课程播放器顶部的导航条中。

d）如果将发布内容转换为移动 App，演示文稿标题会出现在启动页面中。

（4）在 文件夹 字段中输入课程保存位置，或者单击右侧 浏览... 按钮，选择文件保存位置，iSpring Suite 9 会在此创建用于保存项目发布文件的新文件夹。

你可以在输出选项窗格设置播放器，改变品质设置和选择其他选项。

（5）在 格式 选项中，选择 HTML5 格式，下一小节介绍视频格式发布的说明。

（6）选择播放器。单击 Universal（全部）链接会打开自定义播放器窗口，你可以从中选择内置的通用/视频讲座播放器，还可以自定义播放器。

（7）单击 尺寸 链接，在弹出的尺寸窗口设置课程在浏览器中的显示方式。

（8）在 品质 字段中，选择图片、音频和视频文件的质量级别。你可以从内置的质量配置文件中进行选择或自定义设置。

（9）单击 保护 链接会弹出保护设置窗口，你可以在此配置课程的保护设置。

（10）单击 发布 字段中的链接，在弹出的下拉列表中选择发布的幻灯片范围：

a）如果选择 所有的幻灯片，会发布演示文稿中的所有幻灯片。

b）如果选择 选定的幻灯片，只发布单击 发布 按钮前选定的幻灯片。

（11）完成设置后单击 发布 按钮，发布过程完成后将在预览窗口中打开课程。

（二）发布到视频

发布到视频选项允许你将演示文稿转换为 MP4 文件，并以视频格式准确保留所有 PPT 效果。你可以在线发布这些视频或将它们保存在电脑中。

要创建视频演示文稿，请按照以下步骤进行操作：

（1）在演示文稿的 iSpring Suite 9 菜单栏中单击 发布 按钮。

（2）在发布窗口的左侧单击 我的计算机 选项卡。

（3）在 项目名称 字段中输入视频标题。默认情况下与 PPT 演示文稿相同。

（4）在 文件夹 字段中输入保存课程的位置，或单击右侧的 浏览… 按钮，在电脑中选择保存项目的文件夹位置后，再单击 确定 按钮。

（5）在输出选项的 格式 区域单击 视频 选项卡，操作如图 11-6 所示。

（6）单击 尺寸 字段右侧的链接，在弹出的窗口中设置发布后的视频大小。

图 11-6　演示文稿的视频发布窗口

（7）在 品质 字段中选择音频和视频质量级别。

（8）单击 发布 右侧的链接，从中选择发布。默认是发布所有幻灯片。

（9）在 幻灯片持续时间 字段中，以秒为单位为没有在 PPT 中设置持续时间的幻灯片设置具体显示时间。

（10）单击 发布 按钮，将课程发布为 MP4 视频。

（三）发布到 LMS

如果你希望创建的演示文稿能够配合其他课程管理平台使用，请选择 LMS 选项卡。除了 LMS 的格式外，该选项卡包含的绝大多数信息与前面介绍过的一样。iSpring Suite 9 为你的培训课程提供了以下标准类型：

（1）SCORM 1.2/2004。可共享内容对象参考模型。

（2）AICC。航空工业 CBT 委员会的课程标准。

（3）Cmi5：是一种现代数字化学习规范，旨在利用 Experience API 作为通信协议和数据模型，同时为诸如打包、启动、握手认证和一致的信息模型系统等互操作性所需组件提供定义。

（4）Experience API：是一种用来储存和访问学习经历的技术规范，它被视为 SCORM 技术规范的接班者，能够对学员的在线学习经历提供比 SCORM 更细的追踪和记录。这些记录在经过分析后将帮助培训者和课程设计者调试学习内容和教学方案，最终达到量体裁衣的个性化内容推送和绩效支持。

由于这几类课程标准设置很相似，这里以最流行的 SCORM 标准加以讲解：

（1）在演示文稿的菜单栏选择 iSpring Suite 9→发布 按钮。

（2）弹出发布演示文稿窗口，在左侧选择 LMS 选项卡。

（3）在 项目名称 字段中为项目输入一个名称。

（4）在 文件夹 字段中设置课程发布位置。

（5）如果你 在 LMS 配置文件 中选择 SCORM，会弹出如图 11-7 所示的对话框。

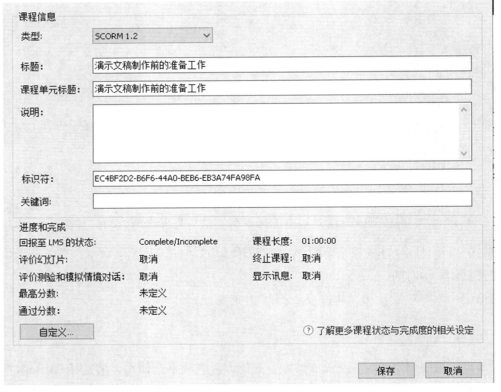

图 11-7　SCORM 课程设置对话框

（6）课程信息对话框中各个字段的含义见表 11-1。

表 11-1　SCORM 配置对话框中的字段含义

选项	描述
类型	SCORM 类型包括 SCORM 1.2、SCORM 2004。对于 SCORM 2004，你可以选择第 2、3、4 版
标题	用于输入将在 LMS 中显示的课程名称
课程单元标题	用于输入将在 LMS 中显示的课程单元名称
说明	输入课程的简短描述
标识符	这是课程的唯一代码。LMS 可以使用标识符来区分不同的课程。例如，如果你下载具有相同 ID 的课程，LMS 可以提供替换之前下载的 ID 提示：标识符可以包含拉丁字母，但不能以数字开头
关键词	设置关键词。它们将帮助学生更快地找到你的测验

（7）单击 自定义... 按钮，会打开如图 11-8 所示的进度和完成参数配置对话框。

图 11-8　进度和完成参数配置对话框

（8）进度和完成对话框各个选项的含义见表 11 – 2。

表 11 – 2　进度和完成对话框各个选项含义

选项	描述
回报至 LMS 的状态	选择在课程通过或失败时将发送到 LMS 的状态消息
评价已看过的幻灯片	设置将课程视为已完成时，学生必须查看的最低幻灯片数量
评估测验和模拟情境对话	如果课程中包含测验和模拟情境对话，其结果将包含在课程整体评估中。如果在测验中包含随机选择问题，则课程最高分数可能会不同，因为每个问题在总分中增加的分数可能不同
最高分数	课程期间学生可以获得的最高分数
自定义通过分数	及格分数是根据测验设置和已看过幻灯片数量自动计算的，但你可以在此字段中自定义及格分数值
课程长度	分配给学习材料的时间
时间终止时的动作	分配的时间到期后，你可以选择是否终止课程和/或显示时间已到期的警告消息

通过电子邮件发送演示文稿。如果单击工具栏上的附件按钮，会打开如图 11 – 9 所示的电子邮件软件窗口，用于将项目发送给需要的人。

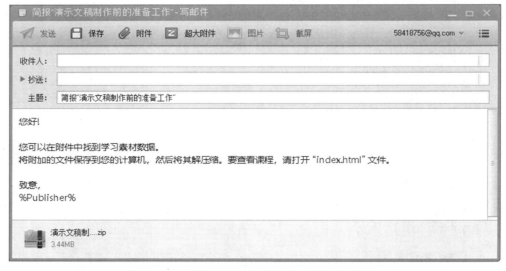

图 11 – 9　使用电子邮件发送发布项目设置窗口

参考文献

[1] 芭芭拉·明托. 金字塔原理：思考、表达和解决问题的逻辑［M］. 汪洱，高愉，译. 海口：南海出版公司，2019.

[2] 陈魁. 好PPT坏PPT：锐普的100个PPT秘诀+PPT设计从入门到精通［M］. 北京：中国水利水电出版社，2009.

[3] 秋叶，陈陟熹. 和秋叶一起学PPT［M］. 4版. 北京：人民邮电出版社，2020.

[4] 邵云蛟. PPT设计思维：教你又好又快搞定幻灯片［M］. 北京：电子工业出版社，2016.

[5] 赵国栋. 微课、翻转课堂与慕课实操教材［M］. 北京：北京大学出版社，2015.

[6] 赵国栋，赵兴祥，王辞晓，等. PPT云课堂教学法［M］. 北京：北京大学出版社，2018.

[7] Elkins D, Pinder D, Slade T. E-learning uncovered: articulate storyline 3［M］. Charleston, South Carolina, USA: Createspace Independent Publishing Platform, 2017.